建设工程价款
优先受偿权法律实务

河南省律师协会建设工程法律专业委员会◎编著

栗魁　李宗虎◎主编

知识产权出版社

全国百佳图书出版单位

—北京—

图书在版编目（CIP）数据

建设工程价款优先受偿权法律实务／河南省律师协会建设工程法律
专业委员会编著；栗魁，李宗虎主编．—北京：知识产权出版社，2023.7
ISBN 978－7－5130－8779－7

Ⅰ.①建…　Ⅱ.①河…②栗…③李…　Ⅲ.①建筑法—研究—中国
Ⅳ.①D922.297.4

中国国家版本馆 CIP 数据核字（2023）第 096868 号

责任编辑：齐梓伊　　　　　　责任校对：王　岩
执行编辑：凌艳怡　　　　　　责任印制：刘译文
封面设计：瀚品设计

建设工程价款优先受偿权法律实务

河南省律师协会建设工程法律专业委员会　编著

栗　魁　李宗虎　主编

出版发行：知识产权出版社 有限责任公司　　网　　址：http://www.ipph.cn
社　　址：北京市海淀区气象路 50 号院　　邮　　编：100081
责编电话：010－82000860 转 8714　　　　责编邮箱：443537971@qq.com
发行电话：010－82000860 转 8101/8102　发行传真：010－82000893/82005070/82000270
印　　刷：天津嘉恒印务有限公司　　　　经　　销：新华书店、各大网上书店及相关专业书店
开　　本：720mm×1000mm　1/16　　　印　　张：13
版　　次：2023 年 7 月第 1 版　　　　　印　　次：2023 年 7 月第 1 次印刷
字　　数：202 千字　　　　　　　　　　定　　价：90.00 元
ISBN 978－7－5130－8779－7

编撰人员名单

统稿人　栗　魁　上海市建纬（郑州）律师事务所
　　　　李宗虎　河南精专律师事务所
　　　　鲁迎旭　北京观韬中茂律师事务所
　　　　夏江初　河南精专律师事务所

第一章　栗　魁　上海建纬（郑州）律师事务所
　　　　廉　洁　河南标向律师事务所
第二章　张英杰　河南洛淳律师事务所
第三章　董　伟　河南伟帆律师事务所
　　　　王兴伟　河南言正律师事务所
第四章　夏江初　河南精专律师事务所
第五章　李相周　河南仟方律师事务所
第六章　杨晓玮　河南永兴律师事务所
第七章　师登科　河南中豫律师事务所
　　　　朱业津　河南中豫律师事务所
　　　　袁利峰　河南惠人律师事务所
　　　　刘　影　河南仟问律师事务所
　　　　马学彬　河南恪信律师事务所
　　　　李相周　河南仟方律师事务所

第八章　赵奎刚　河南中亨律师事务所

第九章　张世峰　河南万基律师事务所

　　　　孙　霖　河南万基律师事务所

第十章　张进营　北京市京师（汝州）律师事务所

第十一章　李理博　河南精专律师事务所

第十二章　赵朝阳　河南大乘律师事务所

　　　　　周建设　河南正安律师事务所

　　　　　郭　力　河南郭力律师事务所

　　　　　张洪强　河南问鼎律师事务所

　　　　　郑彦海　河南靖和律师事务所

第十三章　卢正喜　河南荟智源策律师事务所

第十四章　张向阳　河南信博律师事务所

　　　　　温艳丽　河南强人律师事务所

　　　　　程金涵　河南信博律师事务所

　　　　　徐　旸　河南信博律师事务所

序　言

　　《建设工程价款优先受偿权法律实务》系河南省律师协会建设工程法律专业委员会 2020 年度的研究课题，该课题组成人员主要由本委执行委员组成。选择该课题，是因为建设工程价款优先受偿权是承包人的一项重要权利，对承包人利益影响巨大。编写过程中《中华人民共和国民法典》《最高人民法院关于审理建设工程施工合同纠纷案件适用法律问题的解释（一）》生效，新的司法解释取代了原司法解释，于是笔者对部分内容进行了修改。上述规定解决了司法实务中的部分争议问题，但仍有一些问题没有涉及，有些问题解释的规定比较模糊，例如，如何具体认定承包人放弃或限制建设工程价款优先受偿权是否影响建筑工人利益，有必要进一步研究。

　　建设工程价款优先受偿权是否成立，其权利主体范围、对应的债权范围、对应的客体范围、行使期限、与其他权利人的权利冲突、权利优先顺序、执行程序中如何主张和行使，破产程序中如何主张和认定、放弃和限制该权利的效力，与该权利诉讼相关的第三人等问题在司法实务中均存在较多争议，司法判决观点不一。

　　从实务出发，力求全面和简洁是本书的特点。本书以现有法律规范、现有案例的司法裁判的观点为立足点，力争尽可能多地梳理分析，提出有说服力的观点和解决问题的具体思路。对涉及理论争议问题没有进行过多的深入研究。对于争议问题，客观地给出本课题研究的明确倾向性意见，难保观点正确，但一定有自己的理由和论证，并提出了支撑的材料包括地方高级人民法院的指导意见和案例、解答。每一章内容均写明了本章的法条链接、相关案例、参考的论文资料，方便实务中查找和研究时参考。

本课题研究得到了河南省律师协会建设工程法律专业委员全体成员的大力支持，由栗魁、廉洁、张英杰、董伟、王兴伟、夏江初、李相周、杨晓玮、师登科、朱业津、袁利峰、刘影、马学彬、赵奎刚、张世峰、孙霖、张进营、李理博、赵朝阳、周建设、郭力、张洪强、郑彦海、卢正喜、张向阳、温艳丽、程会远、徐旸参与撰写。

主管副会长赵剑英多次对课题研究提出意见和要求，栗魁主任亲自参与撰写、研讨并进行统稿，李宗虎副主任全过程组织本课题的研究、起草了课题的框架体系、参与研讨并进行统稿，鲁迎旭执委参与研讨并进行统稿，夏江初执委参与撰稿，组织研讨并进行统稿、校对，张世峰执委参与撰稿、组织、研讨，凌兴高副主任、杨成斌副主任、魏红旗执委、洛阳市律师协会张振龙监事长等人参与课题研讨。河南精专律师事务所万李黎律师进行排版、收集整理相关案例和法规，河南精专律师事务所穆奇锋律师收集整理了相关案例和法规。

由于多位成员共同参与课题的研究和撰写，每一位的写作风格各异，对问题的认识角度不同，故统稿人尽可能进行了修改和协调，仍难免有不妥之处。

我们希望本书的内容能从实务的角度，剖析与建设工程价款优先受偿权有关的诸多部分问题，也希望本书的内容，能对该领域法律实务问题提供明确的思路和观点，但由于水平有限且时间不充分，错误难免，希望读者在阅读过程中多多提出宝贵意见，以便我们进一步修订、改进。

栗　魁　李宗虎

2023 年 3 月

法律文件全称和简称对照表

全称	简称
《中华人民共和国民法典》	《民法典》
《中华人民共和国建筑法》	《建筑法》
《中华人民共和国民事诉讼法》	《民事诉讼法》
《中华人民共和国企业破产法》	《企业破产法》
《最高人民法院关于审理建设工程施工合同纠纷案件适用法律问题的解释（一）》	《施工合同解释（一）》
《最高人民法院关于装饰装修工程款是否享有合同法第二百八十六条规定的优先受偿权的函复》	《装饰装修优先权函复》
《最高人民法院关于审理建设工程施工合同纠纷案件适用法律问题的解释（二）》	《施工合同解释（二）》
《最高人民法院办公厅关于印发〈全国民事审判工作会议纪要〉的通知》（2011 年）	《2011 民事审判纪要》
《全国法院民商事审判工作会议纪要》	《九民会议纪要》
《最高人民法院执行工作办公室关于〈最高人民法院优先受偿权问题的批复〉中有关消费者权利应优先保护的规定应如何理解的答复》	《消费者优先权答复》
《最高人民法院关于适用〈中华人民共和国民事诉讼法〉的解释》	《民诉法解释》
《最高人民法院关于审理买卖合同纠纷案件适用法律问题的解释》	《买卖合同解释》
《最高人民法院关于审理商品房买卖合同纠纷案件适用法律若干问题的解释》	《商品房买卖合同解释》

续表

全称	简称
《最高人民法院关于审理涉及国有土地使用权合同纠纷案件适用法律问题的解释》	《国有土地使用权解释》
《最高人民法院关于审理民事案件适用诉讼时效制度若干问题的规定》	《诉讼时效规定》
《最高人民法院关于人民法院办理执行异议和复议案件若干问题的规定》	《执行异议和复议规定》
《最高人民法院关于人民法院民事执行中拍卖、变卖财产的规定》	《拍卖、变卖规定》
《河北省高级人民法院建设工程施工合同案件审理指南》	《河北高院审理指南》
《安徽省高级人民法院关于审理建设工程施工合同纠纷案件适用法律问题的指导意见》	《安徽高院指导意见》
《四川省高级人民法院关于审理建设工程施工合同纠纷案件若干疑难问题的解答》	《四川高院解答》
《江苏省高级人民法院关于审理建设工程施工合同纠纷案件若干问题的意见》（已失效）	《江苏高院意见》
《江苏省高级人民法院关于审理建设工程施工合同纠纷案件若干问题的解答》	《江苏高院解答》
《浙江省高级人民法院民事审判第一庭关于审理建设工程施工合同纠纷案件若干疑难问题的解答》	《浙江高院解答》
《浙江省高级人民法院执行局执行中处理建设工程价款优先受偿权有关问题的解答》	《浙江高院优先权解答》
《天津仲裁委员会建设工程施工合同纠纷案件仲裁指引》	《天津仲裁委指引》
《宁波市中级人民法院关于审理建设工程施工合同纠纷案件疑难问题解答》	《宁波中院解答》
《杭州市中级人民法院民一庭关于审理建设工程及房屋相关纠纷案件若干实务问题的解答》	《杭州中院解答》
《房屋建筑和市政基础设施项目工程总承包管理办法》	《总承包管理办法》
《最高人民法院关于人民法院民事执行中查封、扣押、冻结财产的规定》	《查封、扣押、冻结规定》

| 目　录 |

第一章　建设工程价款优先受偿权的基本理论 …………………… 1

一、建设工程价款优先受偿权的概念 …………………………… 1

二、建设工程价款优先受偿权的性质 …………………………… 1

三、建设工程价款优先受偿权的公示制度 …………………… 14

【相关规定链接】 …………………………………………… 21

第二章　建设工程价款优先受偿权的权利主体范围 ………… 23

一、施工总承包人是建设工程价款优先受偿权的权利主体 ……… 23

二、工程总承包人是建设工程价款优先受偿权的权利主体 ……… 23

三、平行发包模式下的专业承包人是建设工程价款优先受偿权的

权利主体 ………………………………………………… 24

四、装饰装修工程承包人是建设工程价款优先受偿权的权利主体 ……… 24

五、委托代建模式下的承包人是建设工程价款优先受偿权的权利

主体 ……………………………………………………… 24

六、借用资质、转包、违法分包的情形下，出借资质一方、转包人、

违法分包人是建设工程价款优先受偿权的权利主体 ……… 26

七、勘察人、设计人、监理单位、造价咨询单位不是建设工程价款

优先受偿权的权利主体 ……………………………… 26

八、工程总承包模式下的施工分包人不是建设工程价款优先受

偿权的权利主体 ……………………………………… 27

九、专业分包人、劳务分包人不是建设工程价款优先受偿权的权利
　　主体 …………………………………………………………… 27

十、借用资质情形下的借用资质一方不是建设工程价款优先受偿权的
　　权利主体 ……………………………………………………… 27

十一、转承包人、违法分包承包人不是建设工程价款优先受偿权的
　　　权利主体 …………………………………………………… 29

　　【相关规定链接】 …………………………………………… 29

第三章　建设工程价款优先受偿权的权利客体范围……………… 31

一、建设工程原则上可以成为建设工程价款优先受偿权的客体 ………… 31

二、建设用地使用权不属于建设工程价款优先受偿权的客体范围 ……… 31

三、如何区分和评估建设工程价值和建设用地使用权的价值 ………… 34

四、违法建筑是否可以成为建设工程价款优先受偿权的客体 ………… 36

五、其他不宜折价、拍卖的建设工程的范围 …………………… 40

六、建设工程的添附物是否可以成为建设工程价款优先受偿权的
　　客体 …………………………………………………………… 42

七、平行发包模式下是否应当区分各承包人权利客体的价值 ………… 42

八、同一合同项下，不同单项工程拖欠的工程价款是否仅对相应的
　　单项工程享有建设工程价款优先受偿权 ……………………… 42

九、不能行使建设工程价款优先受偿权的其他情形……………… 43

　　【相关规定链接】 …………………………………………… 43

第四章　建设工程价款优先受偿权的债权范围……………………… 46

一、建设工程价款优先受偿权的债权范围 ……………………… 46

二、承包人利润、逾期支付工程价款利息、垫资款利息是否属于建设
　　工程价款优先受偿权的范围 ………………………………… 48

三、垫资款是否属于建设工程价款优先受偿权的范围 ………… 49

四、违约金、损害赔偿金不属于建设工程价款优先受偿权的范围 ……… 51

五、人材机调差属于建设工程价款优先受偿范围……………… 52

六、发包人违约导致人材机调差是否属于建设工程价款优先受偿权
　　范围 ·· 52

七、变更、签证是否属于建设工程价款优先受偿权范围 ············· 54

八、工程质量保证金是否属于建设工程价款优先受偿权范围 ········· 56

九、质量优良金、提前完工奖励费等奖励金，赶工费是否属于建设
　　工程价款优先受偿权范围 ······································· 57

十、工程保函费、保险费是否属于建设工程价款优先受偿权的
　　债权范围 ··· 59

【相关规定链接】 ·· 60

第五章　建设工程价款优先受偿权的行使期限 ················· 64

一、建设工程价款优先受偿权行使期限起算点的认定 ············· 64

二、建设工程价款优先受偿权的行使期限 ·························· 65

三、如何认定应付工程价款之日 ·································· 66

四、如何理解合理期限内行使建设工程价款优先受偿权，与最长
　　不超过 18 个月的关系 ·· 68

五、同一合同项下，分期施工、分期结算的建设工程，如何认定
　　行使建设工程价款优先受偿权期限的起算点 ··················· 68

六、发包人和承包人协商延长应付款时间，对建设工程价款优先
　　受偿权的影响 ··· 69

七、建设工程合同解除或者终止后如何认定行使期限起算点 ········· 70

八、建设工程停工后如何认定行使期限起算点 ···················· 71

九、建设工程价款优先受偿权的行使期限与诉讼时效的关系 ········· 72

【相关规定链接】 ·· 73

第六章　建设工程价款优先受偿权的行使条件 ················· 74

一、建设工程施工合同无效不影响建设工程价款优先受偿权的
　　行使 ·· 74

二、建设工程价款优先受偿权的行使以建设工程质量合格为
前提 ··· 77

三、建设工程价款优先受偿权的行使不以工程价款数额确定为
前提 ··· 81

四、未完工程或未经竣工验收的工程承包人是否可以主张建设工程
价款优先受偿权 ··· 82

五、工程价款债权转让，不影响受让人行使建设工程价款优先
受偿权 ··· 84

六、对续建未完工程如何行使建设工程价款优先受偿权 ··········· 84

【相关规定链接】 ·· 87

第七章　建设工程价款优先受偿权的行使方式 ······················· 89

一、建设工程价款优先受偿权的行使方式和行使程序 ············· 89

二、发包人是否可以与承包人协议以折价的方式行使建设工程价款
优先受偿权 ··· 91

三、承包人以向发包人单方发函的方式主张建设工程价款优先受偿权
的效力 ··· 92

四、能否适用实现担保物权特别程序实现建设工程价款优先
受偿权 ··· 94

五、人民法院及仲裁机构能否在调解书中确认当事人享有建设工程
价款优先受偿权 ··· 96

六、当事人在诉讼/仲裁程序中未主张，在执行程序中能否主张行使
建设工程价款优先受偿权 ··· 101

【相关规定链接】 ·· 102

第八章　建设工程价款优先受偿权的追及效力 ······················· 104

一、建设工程价款优先受偿权的追及效力 ····························· 104

二、建设工程价款优先受偿权追及效力的限制与善意取得 ········· 105

三、建设工程转让对建设工程价款优先受偿权行使的影响 …………… 106

四、未经建设工程价款优先受偿人同意，建设工程转让合同的效力 …… 110

五、如何对征收补偿金、赔偿金、保险金行使建设工程价款优先受

偿权 …………………………………………………………………… 112

六、如何对建设工程的转让价款行使优先受偿权 …………………… 115

七、是否可以对已转让的建设工程行使建设工程价款优先受偿权 …… 116

【相关规定链接】 ………………………………………………………… 118

第九章　放弃或限制建设工程价款优先受偿权的效力 …………… 119

一、《施工合同解释（一）》出台前，有关放弃或限制建设工程价款

优先受偿权效力的观点 ……………………………………………… 119

二、承包人放弃或者限制建设工程价款优先受偿权的具体方式 …… 122

三、承包人放弃或限制建设工程价款优先受偿的具体情形 ………… 123

四、承包人针对特定债权放弃建设工程价款优先受偿权时，特殊的

矛盾情形 …………………………………………………………… 124

五、如何认定放弃或者限制建设工程价款优先受偿权是否"损害

建筑工人利益" ……………………………………………………… 124

六、避免承包人为了追求放弃或限制建设工程价款优先受偿权无效的

后果，恶意拖欠建筑工人工资 ……………………………………… 126

【相关规定链接】 ………………………………………………………… 126

第十章　建设工程价款优先受偿权的行使顺位 …………………… 127

一、平行发包模式下，各承包人的行使顺位 ……………………… 127

二、建设工程价款优先受偿权人与商品房买受人的权利行使顺位 …… 129

三、建设工程价款优先受偿权与商品房买受人的返还购房款请求权的

行使顺位 …………………………………………………………… 134

四、建设工程价款优先受偿权与抵押权的行使顺位 ……………… 134

五、建设工程价款优先受偿权与以房抵债的债权人之间的权利行使

顺位 ………………………………………………………………… 136

【相关规定链接】 ·· 139

第十一章 执行程序中如何主张和行使建设工程价款优先受偿权 ········ 141

一、在建设工程作为被执行标的物的执行程序中，主张建设工程价款
优先受偿权并申请参与分配，是建设工程价款优先受偿权人主张
和行使建设工程价款优先受偿权的正当途径 ·············· 141

二、建设工程价款优先受偿权人不服执行分配方案，有权对执行分配
方案提出执行异议 ·· 142

三、其他债权人或被执行人对建设工程价款优先受偿权人的执行异议
提出反对意见，建设工程价款优先受偿权人有权对执行分配方案
提出执行异议之诉 ·· 142

四、在对执行分配方案的执行异议之诉中，能否对建设工程价款优先
受偿权是否存在及其数额进行审查 ·························· 143

五、建设工程系发包人其他债权人执行标的情形下，承包人能否直接
提出执行异议 ·· 143

六、承包人是否取得建设工程价款优先受偿权的生效法律文书，对其
主张和行使建设工程价款优先受偿权的影响 ·············· 145

七、建设工程价款优先受偿权人，未在建设工程的执行程序终结前
申请参与分配，对执行终结程序提出执行行为异议的救济措施 ····· 148

八、建设工程价款优先受偿权人，对人民法院已经对建设工程作出
以物抵债裁定的救济措施 ······································ 150

九、对于有经营性收入但不适宜拍卖或折价的建设工程，对发包人
经营性收入，承包人是否享有建设工程价款优先受偿权 ········ 151

【相关规定链接】 ·· 151

第十二章 破产程序中的建设工程价款优先受偿权 ················· 154

一、破产程序中的建设工程价款优先受偿权，由破产管理人进行审查，
并报债权人会议核查表决，由人民法院裁定确认或判决认定 ····· 154

二、破产程序中建设工程价款优先受偿权的重要性及行使方式 ········ 156

三、破产程序中，建设工程价款优先受偿权人可以要求对特定财产
　　单独处置，但实务上整体处置更有利于各方利益最大化，特别
　　是建设工程应当与土地一并处置 ·················· 159

四、建设工程价款优先受偿权属于法定别除权，先于破产费用优先
　　受偿，与破产费用的分担无关 ·················· 161

五、建设工程价款优先受偿权的特别之处在于优先的绝对性和
　　相对性 ······································· 162

六、工程价款"以房抵债"后，债务人进入破产程序，建设工程
　　价款优先受偿权问题 ·························· 163

【相关规定链接】 ································· 165

第十三章　建设工程价款债权转让、第三方保证对建设工程价款
　　　　　优先受偿权的影响 ·················· 171

一、建设工程施工过程中形成的工程价款债权的转让 ·········· 171

二、实际施工人或其他债权人可否通过提起代位权诉讼，主张建设
　　工程价款优先受偿权 ·························· 173

三、实际施工人自身对发包人不享有建设工程价款优先受偿权，与
　　实际施工人通过代位权诉讼向发包人主张建设工程价款优先
　　受偿权之间是否存在矛盾 ························ 174

四、建设工程价款优先受偿权与工程价款支付保证并存的情况下的
　　实务问题分析 ······························ 176

五、承包人怠于行使建设工程价款优先受偿权对于保证人责任的
　　影响 ····································· 178

【相关规定链接】 ································· 179

第十四章　涉及建设工程价款优先受偿权诉讼的第三人 ·········· 181

一、关于"民事诉讼第三人" ·························· 181

二、商品房购房人应当作为涉及建设工程价款优先受偿权
　　诉讼的第三人 ······························ 181

三、抵押权人或其他担保物权人应当作为涉及建设工程价款

优先受偿权诉讼的第三人 ·················· 182

四、已申请保全或申请执行的普通债权人应当作为涉及建设

工程价款优先受偿权诉讼的第三人 ·············· 183

五、普通债权人是否可以成为第三人 ············· 185

【相关规定链接】 ·················· 186

参考文献 ·························· 188

第一章　建设工程价款优先
受偿权的基本理论

一、建设工程价款优先受偿权的概念

《民法典》第八百零七条规定："发包人未按照约定支付价款的，承包人可以催告发包人在合理期限内支付价款。发包人逾期不支付的，除根据建设工程的性质不宜折价、拍卖外，承包人可以与发包人协议将该工程折价，也可以请求人民法院将该工程依法拍卖。建设工程的价款就该工程折价或者拍卖的价款优先受偿。"该条规定为解决拖欠工程价款的顽疾，赋予承包人以物化的劳动成果对其债权进行担保并优先受偿的一种自力救济的权利，保障工程承包人正当权益有效实现，从立法层面建构了我国承包人建设工程价款优先受偿权制度。但遗憾的是，现行立法并未对权利属性做出明确定性，以致学界对该制度属性争议不断。

二、建设工程价款优先受偿权的性质

（一）国内有关学说

1. 留置权说

原国家工商行政管理局、原建设部联合制定的《建设工程施工合同（示范文本）》（GF—91—0201）（已失效），第二十八条第二款规定："由于甲方违反有关规定和约定，经办银行不能支付工程价款，乙方可留置部分或全部工程，并予以妥善保护，由甲方承担保护费用。"《民法典》第八百零八条规定，若第八章建设工程合同没有规定的，使用承揽合同的有关规定。由此看出，建设工程合同实质上是一种加工承揽合同，在加工承揽关系中，当定作人在工程验收合格后不能按约定支付价款时，承揽人即可按留置权的有关规定留置该工程，以确保其工程价款得到清偿，故承包人的建设工程价款优先受偿权为一种法定的留置权。《民法典》第四百五十六条规定："同一动产上已经设立抵押权或者质权，该动产又被留置的，留置权人优先受偿。"由该规定可以看出借鉴留置权制度来保障建设工程承包人的合法利益，确实存在一定的积极意义。①

2. 法定抵押权说

下面从立法过程、权利特征和比较法角度进行阐述。

从立法过程的角度来分析，原《合同法》第二百八十六条（现《民法典》第八百零七条）从设计、起草、讨论、修改、审议直至正式通过，始终是指法定抵押权。在历次专家讨论会上，未有任何人对此表示异议，未有任何人提出过建设工程价款优先受偿权的建议。②

从权利特征的角度来分析，建设工程价款优先受偿权符合抵押权的特征。第一，建设工程属于不动产，符合抵押权客体要求。第二，建设工程无须转移占有，符合抵押权要求，无论承包人是否将建设工程交付给发包人，都不影响建设工程抵押权的成立。第三，当发包人逾期不支付价款时，承包人可以就该工程折价或者拍卖的价款优先受偿。这种符合抵押权实现的方式，③承包人的建设工程价款优先受偿权更符合抵押权的特征。对于承包人的法定抵押权来说，它是直接基于法律规定产生的，其公信力比登记更强、更可靠。④

从比较法的角度来分析，我国立法借鉴了《德国民法典》关于建筑承揽

---

① 但我国法律明确规定留置权的客体为动产，不适用不动产情形，故该留置权说存在一定法律障碍。
② 梁慧星：《合同法第二百八十六条的权利性质及其使用》，载《山西大学学报（哲学社会科学版）》2001年第3期。
③ 季秀平：《论建设工程法定抵押权》，载"中国民商法律网"，http://old.civillaw.com.cn/article/default.asp?id=7896。
④ 余能斌主编：《现代物权法专论》，法律出版社2002年版，第314页。

人的保全抵押权和我国台湾地区承揽合同中关于法定抵押权的相关规定。我国所规定的法定抵押权实际上是指承揽人的法定抵押权。

3. 优先权说

承包人的建设工程价款优先受偿权在性质上是一种优先权或先取特权。下面从权利特征、功能效果、制度确立及司法现状角度阐述。

从权利特征分析，其一，建设工程价款优先受偿权不符合我国现行法上抵押权和留置权的基本特征和要件。依《民法典》担保物权编之规定，不动产抵押以登记为生效要件，未经登记则不能取得抵押权；而留置权的标的物则须为动产，且以债权人占有标的物为成立要件。显然，工程承包人的建设工程价款优先受偿权并不符合上述特征和要件。其二，《民法典》虽未将优先权作为一种独立的担保物权作统一规定，但《海商法》和《民用航空法》分别规定了船舶优先权和民用航空器优先权，可见在特别法上对优先权已采肯认态度，而《民法典》第八百零七条之规定则演变为特例。以上各项优先权，均具有法定性及无须公示性之特征，并借此区别于抵押权和留置权。也有学者认为，在建设工程竣工验收期间，工程的占有是发生转移的，这也不符合抵押的本质要求。[①]

从功能效果的角度来分析，建设工程价款优先受偿权"是由法律直接规定的担保特种债权的权利，是法律为了维护社会的公平和秩序，赋予债权人对某种特殊的债权即工程价款的请求权，享有优先于一般债权人而优先受偿的权利。实务中，发包人拖欠承包人工程价款的现象尤为严重，而承包人为获得竞争优势通常会选择垫资承包，一旦发包人拖欠工程价款不仅使建筑工人未能足额获取报酬，更演变为'压垮承包人的最后一根稻草'，严重影响社会安定。基于这一原因，为了强化对承包人的保护，设定了建设工程价款优先受偿权"。[②]

从制度确立的角度来分析，建设工程价款优先受偿权性质的确定取决于

[①]　曲修山、何红锋主编：《建设工程施工合同纠纷处理实务》，知识产权出版社2004年版，第37页。

[②]　王利明：《中国民法典学者建议稿及立法理由·物权篇》，法律出版社2005年版，第557－558页。

我国究竟应当建立独立统一的优先权制度还是法定抵押权制度。建设工程价款优先受偿权，其之调整范围，维护社会公平、正义之作用，远非法定抵押权制度所能及。实际生活中有许多情况需要优先权制度来加以调整，特别是一般优先权，更是国家为显现公益、维护公平正义所必需，而法定抵押权制度对这些则无能为力。因此，我国应选择建立独立统一的优先权制度，其不仅能涵盖法定抵押权的绝大部分内容，而且能调整很多法定抵押权制度所无法调整的社会关系，维护公共利益、推行社会政策、彰显公平正义，发挥出法定抵押权制度所不能替代的巨大的社会作用。[①]

从司法现状的角度来分析，建设工程价款优先受偿权确立为法定优先权更为契合现行法律制度及实务案例。首先，《施工合同解释（一）》就建设工程价款优先受偿的主体、客体、受偿范围以及行使期限和方式等都做出了细则性、操作性的规定，体现该项权利行使之严格的法定性，并未涉及对法定抵押权相关内容的设想。其次，分析我国各地司法判决可知，认定建设工程价款优先受偿权系法定优先权是目前审判实务的主流观点。最高人民法院（2019）最高法民申 5070 号一案中，法院认为建设工程价款优先受偿权是一种法定优先权，自其符合相应法定条件时设立。承包人可以与发包人协议就工程折价或以申请法院拍卖工程的方式行使其权利。最高人民法院（2019）最高法民申 1362 号第三人撤销之诉一案中，最高人民法院认为建筑行业具有特殊性，建设工程价款优先受偿权是《合同法》第二百八十六条赋予建设工程承包人的一项决定优先权，目的是保障承包人能够及时取得工程价款，与建设工程施工合同的效力并无直接关联。

（二）其他国家和地区的立法状况

1. 德国的保全抵押权

《德国民法典》第六百四十八条第一款对建筑承揽人的保全抵押权做了规定："建筑工作物或者建筑工作物的各部分的承揽人，可以就因合同而发生的承揽人债权，请求给予定作人建筑地上的保全抵押权。工作尚未完成的，

[①] 王全弟、丁洁：《物权法应确立优先权制度——围绕合同法第 286 条之争议》，载《法学》2001 年第 4 期。

承揽人可以就与所提供的劳动相当的部分报酬，以及就不包含在报酬中的垫付款，请求给予保全抵押权。"① 关于该条规定的性质，学者理解不一。有学者认为，该条规定了建筑承揽合同的法定抵押权，② 也有学者认为，此项抵押权之成立以定作人同意为前提，故从严格意义上说不算是法定抵押权。③

《德国民法典》所规定的承揽人对建设工程享有的保全抵押权请求权，并不影响其抵押权的法定性。所谓法定抵押权，系指基于法律规定而生之抵押权，④ 是相对于约定抵押权而言的。它与约定抵押权的最大区别就在于产生的依据不同。有人基于学者所提出的此请求权得为预告登记，须由定作人之同意或代替同意之判决及经登记，始成立抵押权，而否定该抵押权的法定性，实际上这是不成立的。由于《德国民法典》中规定的承揽人保全抵押权的成立以登记为要件，则在登记之前，该保全抵押权仅为债权人的一种请求权，这是德国采登记要件主义的结果，并不能否定其法定性的存在。在定作人不同意的情况下，承揽人持判决应得单独申请登记，此时该保全抵押权无须合意即可成立，而登记之目的在于公示。这同某些特别优先权以登记为生效要件而无人否定其法定性的道理是一样的，因为承揽人对建设工程保全抵押权的请求权源于法律的直接规定，而非当事人的约定，故将该保全抵押权归于法定抵押权并无谬误。《瑞士民法典》和我国台湾地区相关制度均未因其仅规定承揽人对建设工程的抵押权请求权而否定该抵押权的法定性。⑤

至于"保全抵押"的名词系相对于德国法上的"流通抵押"而言的。流通抵押的流通性很强，其功能重在投资；而保全抵押的流通性很差，其功能重在保全。对于立法以保全功能为主的国家，其普通抵押与德国民法上的保全抵押在性质上并无二致。我国"社会生活中实际存在的抵押权，以及1986年通过的《民法通则》和1995年《担保法》所规定的抵押权，性质上也都

---

① 江平主编：《中华人民共和国合同法精解》，中国政法大学出版社1999年版，第223－224页。
② 隋彭生：《合同法要义》，中国政法大学出版社2005年版，第528页。
③ 《德国民法典》，陈卫佐译注，法律出版社2004年版，第216页。
④ 王利明：《抵押权若干问题的探讨》，载《法学》2000年第11期。
⑤ 陈华彬：《物权法研究》，金桥文化出版（香港）有限公司2001年版，第590页。

属于保全抵押权"。①

2. 瑞士的法定抵押权

在瑞士民法中法定抵押权有两种：一种为公法性质的法定抵押权，无须登记，而依法律规定当然成立；另一种为私法性质的法定抵押权，无须有设定契约及公证文书的作成，承揽人无须经所有人承诺，得申请登记，然非经登记不生效力。《瑞士民法典》第八百三十六条规定基于公法或其他对土地所有人有普遍约束力的，并由各州法规定的不动产抵押权，除另有规定的外，虽未登记，仍生效力。第八百三十七条规定，"下列债权，可请求设定法定抵押权：（1）出卖人对出卖土地的债权；（2）共同继承人及其他共同权利人，因分割而对原属于共同所有的土地的债权；（3）为在土地上的建筑或其他工程提供材料及劳务或单纯提供劳务的职工或承包人，对该土地的债权；土地所有人为债务人，或承包人为债务人的，亦同。"上述法定抵押权经登记才生法定抵押权的效力。②

3. 法国的不动产优先权

法国将建设工程承包人对建设工程的建设工程价款优先受偿权定性为不动产优先权。法国法上的优先权制度源于罗马，1804 年拿破仑制定民法典时，沿袭了罗马法上的优先权制度，将之与抵押权并列于第二编第十八章，两者均被视为独立的担保物权。③ 不动产优先权只是优先权的一种。《法国民法典》第二千三百二十四条规定："优先权是指，依据债权的性质，给予某债权优先于其他债权，甚至优先于抵押权人受清偿的权利。"第二千三百七十四条（原为二千一百零三条）第四款规定："建筑师、承包人、瓦工与其他受雇于建筑、重建或修理楼房水渠或其他任何工程施工的工人，只要有楼房、建筑所在管辖区内的大审法院依职权任命的鉴定专家事先作成笔录，确认与所有权人宣告拟建的工程有关的场地状况，并且工程完工后最迟 6 个月内已由同样依职权任命的鉴定专家的验收，即对该工程有优先权。"《法国民

---

① 陈华彬：《外国物权法》，法律出版社 2004 年版，第 250 - 251 页。

② 《瑞士民法典》，殷生根、王燕译，中国政法大学出版社 1999 年版，第 236 - 237 页。

③ 金世鼎：《民法上建设工程价款优先受偿权之研究》，载郑玉波主编：《民法物权论文选辑》，台湾五南图书出版公司 1985 年版，第 901 - 903 页。

法典》第二千三百七十七条对不动产优先权的公示方法及效力也做了规定，即不动产优先权须在抵押权登记处进行优先权登记，否则不产生优先权效力。[1]

同样的，《法国民法典》还规定了法定抵押权制度，包括夫妻一方对另一方财产的法定抵押权，被监护人对监护人或法定管理人财产的法定抵押权，国民各级政府对税收人员与财会人员的法定抵押权，受遗赠人对遗产的法定抵押权等。此外，《法国民法典》中的部分不动产一般优先权"降格"成为法定抵押权，此类法定抵押权所担保的债权包括：丧葬费用、最后一次生病的所有费用、因提供生计物品而产生的债权、劳动事故受害人的债权、应支付给工人或雇员的补助金等。[2]

4. 日本的不动产公示先取特权

日本仿效《法国民法典》中优先权创制了先取特权制度，并将承包人对不动产工程的建设工程价款优先受偿权归为不动产先取特权的一种。所谓先取特权，是指法律所规定的特殊债权人，可以以债务人的一定财产得到优先偿还的法定担保物权。《日本民法典》第三百零三条规定，先取特权人，依本法及其他法律的规定，就其债务人的财产，有先于其他债权人的债权优先清偿的权利。第三百二十七条规定："（一）不动产工事的先取特权，就工匠、工程师及承揽人对债务人不动产所进行的工事的费用，存在于该不动产上。（二）前款先取特权，以不动产因工事而产生的增价现存情形为限，只就该增加额存在。"第三百三十八条规定："不动产工事的先取特权，因于工事开始前登记其费用预算额，而保存其效力。"[3] 这里的"工事"是指新建、改建、增建，修缮归类为"保存"，而"保存效力"现在被解释为是不能对抗第三人的意思。[4]

关于抵押权，《日本民法典》认为先取特权只能基于当事人的约定而产

---

[1]　《法国民法典》，罗结珍译，北京大学出版社 2010 年版，第 507、519－522 页。

[2]　于海涌：《法国不动产担保物权研究——兼论法国的物权变动模式》，法律出版社 2004 年版，第 21、29、79 页。

[3]　《日本民法典》，王书江译，中国人民公安大学出版社 1999 年版，第 52－59 页。

[4]　［日］近江幸治：《担保物权法》，祝娅等译，法律出版社 2000 年版，第 38、53 页。

生，而不承认以债务人的全部财产设定的一般抵押权或为保护特定债权人的法定抵押权的存在。①

5. 美国的法定优先权

在美国法中，所谓担保债权人，是指对被用作担保物的财产享有优先权者，较之于其他债权人，其对担保物享有优先受偿权。

根据产生优先权的不同依据，优先权又可以分为三类。一是法定优先权，它是指直接依据法律规定而产生的优先权。其狭义仅指依据制定法而产生的优先权，其广义则还包括依据普通法或衡平法而产生的优先权。二是意定优先权，它是依据债权人与债务人达成的合同而产生的。这种优先权包括担保利益、抵押、信托契据等。三是司法优先权，它是依据在诉讼中采取的某些行为（诸如强制执行、财产保全、扣押等）而产生的。

美国法中的司法优先权实际上相当于我国民事诉讼法规定的财产保全措施以及多个债权的执行先后顺序问题。意定优先权则相当于我国的抵押和质押。而比较复杂的是法定优先权，就动产上的法定优先权而言，为许多州所承认的就有几十种之多，而在全美国 50 个州中有超过 1000 部制定法对特定的债权人授予优先权。在联邦法律中也规定了几十种法定优先权。其典型的种类有：工匠优先权、仓库管理人优先权、兽医优先权、律师优先权、出租人优先权等。而在不动产（包括土地及其附着物）上的法定优先权，典型的抵押则热是私人的优先权，通常称为"建筑优先权"。法律规定建筑优先权的目的在于保护那些为建筑提供不可分割的劳动或材料的人，从而对该不动产享有优先权。全美各州均规定此种优先权。

由此可知，美国法的担保物权是以优先权为中心的，抵押与质押仅指当事人通过合同约定而设定的物权担保方式。同时把《民法典》规定的留置权规定为法定抵押权，只是其范围更为广泛。建筑承包人因其提供劳动或材料而对其所建设的建设工程享有的优先权亦是法定优先权的一种。

6. 我国台湾地区的法定抵押权

我国台湾地区法定抵押权相关制度规定，承揽之工作为建设工程，或

---

① ［日］近江幸治：《担保物权法》，祝娅等译，法律出版社 2000 年版，第 91 页。

其他土地上之工作物，或为此等工作物之重大修缮者，承揽人就承揽关系所生之债权对于其工作所附之定作人之不动产，有抵押权，此抵押权即为承揽人之法定抵押权。此种抵押权系因法律规定而生，自不待登记即生效力。①

然为确保承揽人之利益并兼顾交易安全，2000 年 5 月该规定改为："承揽之工作为建设工程，或其他土地上之工作物或为此等工作物之重大修缮者，承揽人的就承揽关系报酬额，对于其工作所附之定作人之不动产，请求预为抵押权之登记。前项请求，承揽人于开始工作前亦得为之。前两项之抵押权登记，如承揽契约已经公证者，承揽人的单独申请之。"即将承揽人之法定抵押权，由无须登记修正为由承揽人请求定作人为抵押权之登记或"预抵押权登记"制度。

（三）法定抵押权权利性质的认定

上述关于法定抵押权性质认定的学说，都有其存在的合理性，其中持不动产优先权和法定抵押权的学者各执一词，且论述理由颇为相似，主要从权利特征和比较法的角度对各自观点进行了论证。然而，从权利特征角度来看，两种观点均难以说服对方。从比较法角度来看，两种观点在其他国家和地区的立法上均有立法成例的支持。由此导致的结果是，学者在否定对方的同时，也对自身观点的合理性提出了挑战。因此，对两者的取舍应自实然的角度出发，从两者的历史沿革、立法体系、立法背景及权利特征、权利功能等角度分别进行分析。

1. 从历史沿革角度来考察

优先权制度发端于罗马法，最初与罗马法上的优先抵押权、法定抵押权制度联系在一起。② 罗马法上的担保物权均无公示制度，只是后来各国在继承罗马法的过程中，将公示制度作为担保物权的重要特征之一，而在对无公示性的罗马法上的法定抵押权制度的继承上，各国立法采取了不同的立法政

---

① 谢在全：《民法物权论》，中国政法大学出版社 1999 年版，第 687、697 页。
② 郭明瑞、仲相、司艳丽：《优先权制度研究》，北京大学出版社 2004 年版，第 23、24、155、169、170 页。

策和立法例。

目前主要有两种立法模式，即法国模式和德国模式。法国模式以 1804 年的《法国民法典》为代表，比利时、意大利等国从之，其影响波及日本。该模式认为，优先权之性质与抵押权、质权一样，属于担保物权之一种。如《法国民法典》规定了优先权、法定抵押权、裁判抵押权等制度，其优先权和法定抵押权均是由罗马法演化而来。而德国模式以 1900 年生效的《德国民法典》为代表，瑞士等国从之。德国模式认为，以法律规定直接产生的优先权制度有违物权公示原则和物权标的特定性原则，故在民法典中未规定优先权制度，但均对建设工程承揽人的法定抵押权予以肯认。同时，从维护社会正义和基于推行社会政策的角度考虑，也以特别法的形式，赋予工资、税款等某些特种债权以优先受偿的效力。有学者认为，"德国法上的建筑承揽人抵押担保物权是对社会生活的应对措施。德国法并非主动自觉地试图建构完备的法定抵押权制度"，而瑞士法的法定抵押权是为克服留置权发生条件的限制而规定的。①

由此可见，优先权和法定抵押权制度的起源存在诸多的联系，只是不同国家基于不同立法政策和立法技术的一种选择，此国之优先权、法定抵押权与彼国之优先权、法定抵押权在起源、立法理由、性质等方面均存在一定的差异。此外，立法上也有优先权转化为法定抵押权的范例。如法国在 1955 年颁布法令，将除诉讼费用、工资、版税以外的不动产一般优先权转化为法定抵押权。而在法国将不动产特别优先权视为法定抵押权的学者也大有人在。因此，考察《民法典》所规定的建设工程价款优先受偿权的性质，必须与我国的法律传统和历史发展结合起来，而不能孤立地厚此薄彼。

自 1911 年至 1929 年，我国曾制定完成了《大清民律草案》《民国民律草案》《中华民国民法》，史称"三次民律草案"。这三次立法，在担保物权的体系编排上基本上都是以德国立法例为蓝本，而这些担保制度在 1949 年

---

① 郭明瑞、仲相、司艳丽：《优先权制度研究》，北京大学出版社 2004 年版，第 23、24、155、169、170 页。

以后仅在我国台湾地区实行。中华人民共和国成立后，我国对担保物权的立法，始于 1986 年制定的《民法通则》。1995 年《担保法》的制定，完善了我国的担保物权制度。《担保法》无论是在担保物权种类方面还是在物权公示问题方面，都以我国台湾地区的相关制度为蓝本。因此，中国民法的法律传统和德国民法有着密切关系，在我国建立德国法上不存在的优先权制度，其立法的可操作性和民众对其的接受程度都存在着疑问。而就法定抵押权而言，其作为一种特殊的抵押权形态向无异议，已然成为法学界的共同语言。①

2. 从立法体系角度来考察

对于不动产担保物权体系，各国（地区）采取了不同的立法政策和立法例。法国的担保物权体系规定了不动产优先权、不动产抵押权（包括约定抵押权、法定抵押权和裁判抵押权）、不动产质权。日本法规定了不动产先取特权、不动产抵押权、不动产质权、不动产留置权，日本不承认当事人约定以外的法定抵押权的存在。德国法规定了不动产抵押权（包括流通抵押权和保全抵押权），未规定优先权制度，不承认不动产质权和不动产留置权的存在。瑞士法规定了不动产抵押权包括约定抵押权、法定抵押权，不承认不动产质权和不动产留置权的存在。意大利规定了不动产优先权、不动产抵押权（包括约定抵押权、法定抵押权和裁判抵押权）。我国台湾地区规定了不动产抵押权（包括法定抵押权），未规定优先权制度。各国（地区）的不同规定与各自的法律传统和立法政策密切相关。

在立法上同时规定不动产优先权和法定抵押权是不合适的，这不利于担保物权的体系化，也不利于立法的简明。以《法国民法典》为例，其优先权种类繁多，功能各异，性质上也有差异，难以归于一类。既造成了立法资源的浪费，又使得各种权利交错，极易造成法律适用的困难。也有学者认为，《日本民法典》第三百三十六条、《法国民法典》第二千一百零六条均对优先权的登记效力做了规定，优先权的法定性已有向物权公示原则妥协的趋势，

---

① 李建华、董彪：《论我国法定抵押权制度的立法模式》，载《社会科学战线》2004 年第 4 期。

但若如此，岂不可将抵押权、留置权、质权等所有具有优先受偿效力的担保物权全部统一到优先权的麾下。

而且，我国立法上尚无优先权制度，若在《民法典》中引入优先权制度，势必会发生优先权法定性与物权公示原则的冲突，不利于对第三人利益和交易安全的保护。正如谢怀栻先生称，"先取特权对外没有公示力（既不占有担保物，又不登记），所以不利于社会交易，不利于其他债权人，是担保物权中比较落后的制度"。①

况且，许多基于公法上的优先权制度能否置于私法范畴尚无定论。优先权的实质在于破除债权人平等之原则，赋予特种债权人以优先受偿之权利，但这只是一种推行社会政策和社会公益的考量，其是不是一项独立的担保物权尚无定论，况且优先权内容庞杂。观之各国法律确立的优先权，诸多规定属于税法、劳动法、诉讼法之制度，统一纳入物权法尚存疑问。而法定抵押权和约定抵押权的对应符合体系化的要求并颇具美感，较为符合我国担保物权体系架构和国民预测可能性。我国当前已经生效的《民法典》未规定优先权制度也说明了这一点。

因此，在当前立法中尚未规定独立优先权制度的情况下，可将基于公共政策、社会公益之部分优先权规定在特别法中，以防止发生物权体系上的混乱和矛盾。

3. 从立法背景角度考察

我国建设工程价款优先受偿权的性质是一个实然性而非应然性的问题，因此，考察《民法典》第八百零七条（原《合同法》第二百八十六条）的立法背景和立法过程，对探求立法意旨是具有价值的。由于我国立法无附立法理由书的制度，所以参与立法学者的解释和该条款的形成过程就极具参考价值。参与《合同法》起草的梁慧星教授认为，《合同法》第二百八十六条从设计、起草、讨论、修改、审议直至正式通过，始终是指法定抵押权。由12个单位的学者起草的合同法建议草案第三百零六条规定建设工程完成后，发包人未按合同约定支付建设费用和报酬的，承包人对建设工程有法定抵押

---

① 谢怀栻：《外国民商法精要》，法律出版社2002年版，第119页。

权。全国人民代表大会常务委员会法制工作委员会在该建议草案的基础上提出的合同法草案也在第一百七十七条规定：承建人对其所完成的建设工程享有抵押权。由此可见，立法过程中对原《合同法》第二百八十六条规定的是法定抵押权的认识并无分歧。

4. 从权利特征角度来考察

优先权的一个重要特征就是无须以登记或占有（交付）进行公示。从第三人的角度而言，优先权具有秘密性。这也是优先权区别于其他担保物权的一个重要特征。然而，法国、日本等国的部分优先权却是以登记为必要，未经登记不生效力或不具有对抗第三人的效力。从各国法律来看，优先权一般包括一般优先权和特别优先权，特别优先权又分为动产优先权和不动产优先权。一般优先权的权利客体不特定，其成立与生效一般也不以登记为要件，其功能在于保护公共利益、共同利益、社会公平与正义，与国家的公共政策密切相关。而特别优先权的权利客体特定，就其生效而言，动产多以占有，不动产以登记作为公示方式，其基础源于质权观念或私益保护。可见，现有优先权制度中的部分优先权，如一些特别优先权已脱离其"优先权"之特征，渐失"优先权"之本色。而基于公法、公共政策之优先权，其优先性已为公共政策所肯定，其对登记公示之要求自然不高。因此，将公示性要求较高的优先权类型从优先权制度之中剥离出来，纳入法定抵押权、法定质权之范畴，使剩余优先权还原其本来面目似乎并非臆想。《民法典》第八百零七条虽也无公示的规定，但若将其定性为法定抵押权，将为以后立法的完善提供余地。

5. 从权利功能角度来考察

不动产优先权或先取特权的功能主要基于公共政策或公平正义的理念，而建设工程价款优先受偿权主要是基于克服留置权适用之限制，发挥不动产之经济效能，以达到自力救济的目的。众所周知，建设工程合同系承揽合同的一种，承包人对承揽之标的物享有留置权。但因我国及大多数国家均不承认不动产留置权的存在，故设立法定抵押权以克服留置权发生条件的限制。因此，将《民法典》第八百零七条定性为法定抵押权，似更符合法理和逻辑。

综上所述，尽管法定抵押权和不动产优先权在起源、性质、功能上有许多相似之处，但基于中国目前的状况，还是将建设工程价款优先受偿权定性为法定抵押权，更符合中国的立法体系和法律传统。

三、建设工程价款优先受偿权的公示制度

《民法典》第八百零七条并未规定建设工程价款优先受偿权的登记公示问题，仅规定权利人只要具备法定的条件即可与债务人协商折价或申请人民法院对工程予以拍卖。赋予承包人法定优先权这在实践中也带来很多问题。针对我国是否需要构建建设工程价款优先受偿权登记公示制度这一问题，学界存在不同学说。

（一）学界的不同学说

否定说认为，建设工程价款优先受偿权的成立及生效在符合立法规定条件下自动产生，既然我国立法并没有要求承包人就其建设工程价款优先受偿权进行登记公示，则承包人更无须登记公示其优先顺位的效力。况且，要求承包人办理建设工程价款优先受偿权登记程序存在一定的困难。通常情况下，发包人为满足自身的融资需求，随着工程的进展不断设定担保，先后在土地使用权、在建建设工程、预售商品房上，而市场处于"发包人市场"，大多承包人为获取小建的机会竞相垫资发展建工程，发包人是否愿意配合承包人就承包人应收工程价款部分办理登记，自不待言。一旦银行等金融机构知悉该工程上存在优先自身顺位清偿权利的存在，为保障自身债权实现，就要么要求承包人放弃建设工程价款优先受偿权，要么选择拒绝发包人的融资请求。另外，根据目前行政机构的编制，再新增一个机构履行该项职能不太现实，但如果将此项职能赋予现有机构，也会影响工作效率。并且，建设工程价款优先受偿权是不以登记为必要条件的，法律对此有明确规定，即具有公示效力。综上所述，该学说认为建设工程价款优先受偿权无须登记即生效。[①]

肯定说认为，建设工程价款优先受偿权属于担保物权，该性质决定了其

---

① 王旭光：《建筑工程优先受偿权制度研究——合同法第 286 条的理论与实务》，人民法院出版社2010 年版，第 290－291 页。

必须公示。我国民法所调整的是平等主体之间人身和财产关系的总和，财产关系中财产的归属及财产流转的认定尤为关键。物权只有通过特定的方式存在及变动，才具有法律效力。建设工程作为一项不动产物权，因涉及范围较广，所以必然承载着众多物权，势必会引发各项物权之间不可避免的分歧和冲突，此时可根据物权法基本规则予以解决，动产以交付、不动产以登记方式发生效力。而建设工程价款优先受偿权突破物权公示公信原则，导致该项物权的表现状态与实际状态处于模糊地带，从而立法无法有效保障不特定第三人权益及市场交易秩序。综上所述，建设工程价款优先受偿权需自登记时生效。

（二）我国建设工程价款优先受偿权登记公示制度的必要性

我国法律法规及相关司法解释皆未提及设立建设工程价款优先受偿权登记制度，与物权特定及公示原则相悖，导致各项权利之间产生矛盾与冲突，交易秩序混乱，与《民法典》第八百零七条真正的立法本意不符，存在一定的立法缺憾。故本书认为，我国应尽快建立建设工程价款优先受偿权登记制度，以登记确立其保全效力。

1. 符合物权公示的基本原则，完善不动产登记制度

《民法典》明文规定了动产及不动产的设立、变更、转让及消灭的法定条件并就交付或登记行为予以确定，特别是对不动产登记的机关、提交材料及登记出现错误后的异议和更正予以明确。建设工程作为典型的不动产物权，应符合我国民法中有关物权规定确立的登记制度的要求。同时，综观国外各国立法例，大都对建设工程价款优先受偿权规定了登记制度。《法国民法典》第二千一百零六条规定，抵押登录处除受理抵押权登录外，还负责对不动产优先权的登记，并明确规定上述登记为不动产优先权的法定公示手段，非经登记不动产优先权不生效力。《日本民法典》中有相似规定。意大利法上的不动产先取特权虽无须登记即生效力，但其种类较少，多涉及诉讼费用及国家债权，且其中三类（分别为不动产间接税、用水许可债权及不动产补充清偿先取特权）不具有对抗其他担保物权的效力。一些重要的不动产优先权，如不动产买卖优先权、不动产分割优先权，意大利民法是以"法定抵押权"

的形式予以规定的，而法定抵押权必须于不动产登记簿上进行抵押权登记方可设立（见《意大利民法典》第二千八百零八条），通过这种方式实现了对不动产物权公示的需要。意大利民法上设立法定抵押权的目的，多为公示的需要，以弥补不动产优先权无须公示给市场交易安全带来的危险。

因此，我国应建立统一完备的不动产登记制度，对涉及建设工程价款优先受偿权在内的不动产物权确立登记制度，不仅与我国物权法基本理论相契合，而且更有利于最大程度地发挥建设工程价款优先受偿权制度的价值。

2. 完善权利顺位规则，有序地解决各项权利冲突

鉴于建设工程涉及主体范围较广，各项权利实现顺位冲突与矛盾自不可避免。自《最高人民法院关于建设工程价款优先受偿权问题的批复》（已失效）出台以来，关于其他债权人与承包人之间实现债权顺位就争议不断。实务中，建设工程领域存在顺位冲突的债权人大致分为两类：一是与发包人发生交易的不特定第三人即一般债权人；二是与发包人发生交易的特定第三人，包括担保物权人及其他优先权人。囿于《民法典》第八百零七条规定较为笼统，并未明确建设工程价款优先受偿权与其他权利之间的冲突顺位问题，实务中各种乱象层出不穷。常见的如发包人与承包人双方恶意串通，伪造或虚增工程价款损害不特定第三人利益；又如发包人待应支付承包人工程价款时，连同消费者伪造、篡改该建设工程的预售房屋记录，损害承包人建设工程价款优先受偿权实现。

因此，应该从应然性角度出发，完善我国不动产物权登记制度，对于立法尚未提及的与建设工程价款优先受偿权冲突的各项权利予以明晰，为尽快解决实务中频发的权利冲突提供理论背景及案件指引。

3. 发挥登记制度价值，维护市场交易安全

《民法典》第八百零七条赋予承包人建设工程价款优先受偿权，且该权利优先于抵押权和其他债权。实践中，抵押权人特别是金融机构无法知悉建设工程是否存在建设工程价款优先受偿权人，为避免遭受不特定的损失，大多选择拒绝发包人以在建工程设立抵押权达到融资目的的请求，致使建设

工程发包人很难利用在建工程进行融资担保。因为一旦承包人在法定期间内主张建设工程价款优先受偿权，银行等金融机构就面临着自身债权无法获得优先足额清偿的风险，即便其已然尽到防范风险的高度注意义务，仍不可避免地致使自身债权实现目的落空。银行业是我国的经济命脉，也是金融体系的核心，如果银行业的健康发展受到影响，那么整个国家经济受到的影响可想而知。然而，建设工程项目对金融机构的依赖性很强，一旦在建工程融资受到限制，则房地产市场的发展将受到重大影响，且终将影响到建筑业和建筑市场的发展，这种结果有悖于保障建筑业健康发展的立法意图。

本书认为，我国应尽快设立建设工程价款优先受偿权登记制度。若实现此种权利是以牺牲彼种权利为代价的，则必须有高于该项权利的原因，而这个原因只能是出于维护社会公平正义。立法明确规定了承包人的法定优先权，故只有在契合《民法典》第八百零七条保障承包人债权实现的立法本意下，赋予其优先于抵押权及其他一般债权的效力才更有意义，符合价值位阶原则以及国民对实体正义的期待。此时，如何最大程度地平衡工程承包人与其他债权人之间的利益演变成问题的关键，故我国立法应将建设工程价款优先受偿权制度与不动产登记制度相结合，这才是我国建立配套完备的不动产登记制度及建设工程价款优先受偿权制度不断完善与发展的应有之义。

（三）建设工程价款优先受偿权登记制度的构建

由我国现行《民法典》第八百零七条及《最高人民法院关于商品房消费者权利保护问题的批复》第一条规定可知，建设工程承包人的优先权无论是否登记，均优先于抵押权和其他债权受偿，但不得优先于以居住为目的购买房屋并已支付全部价款的房屋交付请求权，以及房屋不能交付且无实际交付可能的价款返还请求权的商品房消费者。这些规定显然未将不动产优先权的效力与其公示状况相联系，客观上不利于保障市场主体交易安全，也与其他国家（地区）的立法趋势不符。因此，在建设工程价款优先受偿权与抵押权竞合的问题上，应当考虑保全登记的情况。鉴于我国尚无对建设工程优先受偿权登记公示的经验，故吸收借鉴法国、日本等其他国家的立法经验及教训，并结合我国物权制度及建设工程行业实际情况，确定建设工程价款优先受偿权登记制度显得尤为重要。

1. 登记方式的确立

《民法典》对动产及不动产的设立、变更、转让及消灭都规定了较为详细的制度。权利登记的主要作用在于公示，供有利害关系的第三人知悉该项权利的权属及流转状况。而预告登记制度的功能在于有效地保障特定利益，赋予一般债权享有对抗第三人的法律效力，保障待符合法定或约定条件时就标的物设立登记的未来请求权。《民法典》第二百二十一条并未限定预告登记的范围，在一定程度上为建设工程价款优先受偿权及其他特定债权请求权保留了相应的空间，而且使用预告登记制度较为符合工程领域实际情况，因为行使建设工程价款优先受偿权应自工程竣工验收合格，发包人应支付而不支付承包人工程价款之日起计算。同时，还可以学习借鉴国外立法经验，如法国民法中并未规定预告登记制度，但其采用"二次记录保存制"，第一次记录在建设工程施工开始时完成，第二次待工程完工后至迟六个月内完成。日本民法规定于工作开始前将工事之预算费用额加以登记。德国、瑞士民法就建设工程都设有预告登记制度。我国台湾地区相关制度亦规定承揽人于开始工作前亦得请求预为抵押权之登记。因此，应将我国预告登记适用范围扩大至建设工程价款优先受偿权。

为更大程度地发挥建设工程价款优先受偿权登记公示效力，立法应鼓励承包人尽早对其承建的工程进行预告登记。经过预告登记的请求权，具备对抗第三人债权的法律效力，可保障预告登记请求权的如期实现，其后发生的妨害债权请求权的不动产物权处分行为归于无效。同时，预告登记的内容也应尽可能详备准确，不仅可以使意欲与发包人交易的不特定第三人，通过查阅相关登记信息资料，做出理性的交易决策及防范措施，而且还能防范由发包人与承包人恶意串通等带来的损害其他债权人利益的风险。

由于建设工程本身的特殊性，所以承包人在办理预告登记时，是按照工程合同约定的价款登记，还是按照实际结算价款登记存在争议。从双方当事人签订施工合同至工程实际竣工或约定竣工，通常要经历较长的时间周期，且承包人一般在工程竣工或约定竣工时才能够行使建设工程价款优先受偿权。实务中，承包人承建工程的实际总工程造价超出合同约定工程价款的情况较为普遍。若单就合同约定的工程价款预告登记，而对施工过程中产生的变更事项视而不见，则不仅严重损害发包人及承包人的实际权益，而且与立法本意相悖。若允许承包人在工程履约至竣工前以发生实际影响工程价款事项为由随意变更登记数额，便失去了设立登记制度的实质意义。只有承包人享有优先受偿权的工程价款确定，与发包人交易的第三人的权益才能得到根本保障，有效发挥登记制度的法律效力也符合我国立法对价值位阶的基本要求。

有鉴于此，建设工程价款优先受偿权的登记方式应结合《民法典》第二百二十一条之规定，可借鉴我国台湾地区将建设工程价款优先受偿权的预告登记与本登记相结合的方式。关于承包人优先受偿金额的确定，鉴于中标合同中约定的工程价款与实际工程价款存在偏差，而为在建工程办理预告登记时实际工程价款尚未明确，故办理预告登记时可以双方中标合同约定的金额为准，并允许双方当事人在合同履约过程中提交工程签证单及其他证明工程价款发生变动的证据来办理变更登记。至工程竣工验收合格但工程价款尚未付清前，允许双方提交工程最终结算单或者法院、仲裁机构出具的生效法律文书载明的金额办理变更登记，通过登记公示制度保障承包人债权的实现，维护市场交易安全。

2. 登记程序的确立

我国确立建设工程价款优先受偿权登记制度，具体是指预告登记与本登记相结合的登记方式。如何界定及衔接预告登记与本登记是建立建设工程价款优先受偿权的关键一环。当事人自建设工程合同成立并生效至工程竣工验收合格期间内应向建设工程所在地不动产登记部门办理预告登记，达到公示承包人建设工程价款优先受偿权的目的。需要注意的是，此时建设工程价款优先受偿权须满足一定前置条件才能对其进行预告登记，具体包括：①建设工程具备一定的经济利用价值，符合民事法律关系中"物"的标准；②工程经竣工验收合格，发包人应当支付，仍不支付工程价款时；③建设工程不属于不宜折价或拍卖的物；④待工程竣工验收合格且工程价款数额具体确定时，办理本登记。由《民法典》第二百二十一条的规定可知，"预告登记后，债权消灭或者自能够进行不动产登记之日起九十日内未申请登记的，预告登记失效"。至于申请预告登记及本登记时需要双方还是单方的问题，法律对此没有明文规定，实务中通常要求双方共同申请。于建设工程价款优先受偿权而言，待工程价款确定时，双方当事人提供申请书、工程结算单或者法院、仲裁机构出具的确定工程价款等证明文件至建设工程所在地不动产登记部门办理本登记。

鉴于自预告登记至本登记，双方当事人至少要共同申请两次，且申请中大多数材料是重复的，因此可适当放宽申请人数要求，一方可持另一方的授权委托书，或一方提交法院、仲裁生效文书等足以确信的资料时，允许一方自行申请。同时，可借鉴我国台湾地区的做法，考虑到证据的完整性及登记的便利性，可由登记机关在满足条件时由预告登记自动转为本登记。如前所述，因在预告登记时无法确认实际工程价款，故申请本登记时还需提交证明工程竣工验收合格且工程价款确定的相关文件，其他材料因预告登记时已提交，故无须重复提交。这种方式不仅可以简化当事人申请流程，而且能提高登记机关的办事效率。

3. 登记效力的明立

关于我国建设工程价款优先受偿权的登记效力问题，学界存在三种不同观点。一是登记生效主义，认为登记是设立权利的前置程序，未经登记的权利不能成立，更不能据此享有优先地位，即表明建设工程价款优先受偿权必须经登记程序才能设立。二是登记对抗主义，认为登记与否并不影响其效力，未经登记的权利不能据此对抗登记的权利，即建设工程价款优先受偿权未经登记不得优先于其他登记的权利受偿。三是登记优先顺位主义，认为权利一经登记，就可对抗办理过登记的在先权利，拥有绝对优先地位。

本书认为，建设工程价款优先受偿权的登记效力应采用以登记对抗主义为主、以优先顺位主义为辅的登记效力模式，即建设工程价款优先受偿权登记的目的在于公示其权利存在，不作为设定权利的构成要件。若承包人未对其承建的建设工程登记的，并不影响其依法享有优先受偿顺位的效力，只是不能据此对抗登记的权利优先受偿，对其他尚未登记的权利而言仍享有优先受偿的顺位。根据我国《民法典》合同编及最高人民法院出台的相关司法解释可知，立法赋予承包人的建设工程价款优先受偿权无须登记公示，由法律直接规定产生，故未经登记的建设工程价款优先受偿权仍可对抗一般债权。而建设工程价款优先受偿权一经登记，即优先于任何在先或在后登记的抵押权等特定担保物权，这是对我国物权制度规定的"登记在先，权利在先"原则的适度突破，得以最大限度地优先保障承包人权益的实现。

综上所述，设立建设工程价款优先受偿权登记制度在理论上和实践中具有重要意义，设立该制度不仅符合物权公示公信原则，而且能够充分保障相关利害关系人的利益。例如，金融机构处理在建工程抵押贷款业务时，只需到建设工程所在地的登记机关查阅相关登记文件即可获得完整可靠的优先权登记信息，并结合在建工程项目的综合因素，就可以对交易的后果做出合理的预期，以避免因承包人行使建设工程价款优先受偿权而使自己的利益遭受不测之损害，最终，金融机构与发包人之间的交易安全得以维护，法律的公平目的得以体现。同样地，承包人在查阅相关的登记信息后，也能对交易的后果做出合理的预测，从而使自己的利益得到最大的保障。同时，建设工程的经济价值得到充分利用，建筑业、金融业以及相关产业将会健康有序地发展，《民法典》第八百零七条的立法意图也能得到充分的体现。

【相关规定链接】

1.《民法典》

第二百二十一条 当事人签订买卖房屋的协议或者签订其他不动产物权的协议，为保障将来实现物权，按照约定可以向登记机构申请预告登记。预告登记后，未经预告登记的权利人同意，处分该不动产的，不发生物权效力。

预告登记后，债权消灭或者自能够进行不动产登记之日起九十日内未申请登记的，预告登记失效。

第八百零七条 发包人未按照约定支付价款的，承包人可以催告发包人在合理期限内支付价款。发包人逾期不支付的，除根据建设工程的性质不宜折价、拍卖外，承包人可以与发包人协议将该工程折价，也可以请求人民法院将该工程依法拍卖。建设工程的价款就该工程折价或者拍卖的价款优先受偿。

2.《最高人民法院关于商品房消费者权利保护问题的批复》

一、建设工程价款优先受偿权、抵押权以及其他债权之间的权利顺位关系，按照《最高人民法院关于审理建设工程施工合同纠纷案件适用法律问题的解释（一）》第三十六条的规定处理。

第二章 建设工程价款优先受偿权的权利主体范围

一、施工总承包人是建设工程价款优先受偿权的权利主体

根据《施工合同解释（一）》第三十五条的规定，与发包人订立建设工程施工合同的承包人，依据《民法典》第八百零七条的规定请求其承建工程的价款就工程折价或者拍卖的价款优先受偿的，人民法院应予支持。施工总承包人享有建设工程价款优先受偿权，是建设工程价款优先受偿权的一般情形。

二、工程总承包人是建设工程价款优先受偿权的权利主体

（1）工程总承包人可以成为建设工程价款优先受偿权的权利主体。根据《建筑法》第二十四条、《民法典》第七百九十一条、《总承包管理办法》第三条的规定，发包人可以将勘察、设计、采购、施工与工程总承包人签订合同，工程总承包人对工程设计、采购、施工或者设计、施工等阶段实行总承包。显然工程总承包合同包含施工合同的内容，依据上述规定，与发包人签订施工合同的承包人享有建设工程价款优先受偿权，因此工程总承包人可以成为建设工程价款优先受偿权的权利主体。

（2）工程总承包人成为建设工程价款优先受偿权的权利主体时，优先受偿的工程价款仅包含施工部分对应的工程价款，不包括设计、采购部分对应的工程价款，相对应的权利客体仅包括建设工程不包括设备。

依据《施工合同解释（一）》第三十五条的规定，施工合同承包人才享

有建设工程价款优先受偿权，设计人、勘察人、设备采购人不享有建设工程价款优先受偿权，因此工程总承包人成为建设工程价款优先受偿权的权利主体时，优先受偿的工程价款仅包含施工部分对应的工程价款，不包括设计、采购部分对应的工程价款。

三、平行发包模式下的专业承包人是建设工程价款优先受偿权的权利主体

平行发包是指业主将建设工程的设计、施工以及材料设备采购的任务经过分解分别发包给若干个设计单位、施工单位和材料设备供应单位，并分别与各方签订合同。各设计单位之间的关系是平行的，各施工单位之间的关系也是平行的，各材料设备供应单位之间的关系也是平行的，可以依据《民法典》第八百零七条、《施工合同解释（一）》第三十五条的规定，对其参与建设的工程享有建设工程价款优先受偿权。

四、装饰装修工程承包人是建设工程价款优先受偿权的权利主体

《施工合同解释（一）》第三十七条规定："装饰装修工程具备折价或者拍卖条件，装饰装修工程的承包人请求工程价款就该装饰装修工程折价或者拍卖的价款优先受偿的，人民法院应予支持。"无论发包人是不是建设工程的所有权人，只要承包人对建设工程进行了装饰装修，且装饰装修工程具备折价、拍卖条件的，承包人便享有优先权。

五、委托代建模式下的承包人是建设工程价款优先受偿权的权利主体

第一种观点：委托代建的情形，系发包人与施工总承包人签订建设工程施工合同，但发包人并非业主，不享有建设工程所有权，根据合同的相对性，施工总承包人只能向发包人主张工程价款，无法主张建设工程价款优先受偿权。

但业主与发包人系委托代建关系，根据《民法典》第九百二十六条关于隐名委托代理的规定，施工总承包人在订立合同时，知道委托代建关系存在

的，该合同直接约束业主与施工总承包人，若不知道委托代建关系存在的，发包人应向施工总承包人披露委托人也就是业主，施工总承包人可以选择以发包人或者业主作为相对人主张权利。据此，施工总承包人向业主主张建设工程价款优先受偿权是有法律根据的，根据委托代理合同，施工总承包人与发包人所签署的《建设工程施工合同》可以约束到业主，施工总承包人可根据《施工合同解释（一）》第三十五条的规定向业主主张工程价款并主张建设工程价款优先受偿权。

第二种观点：《施工合同解释（一）》第三十五条赋予了与发包人直接签署施工合同的承包人建设工程价款优先受偿权。该建设工程价款优先受偿权系法定的优先权，是针对特定财产即工程来说的，优先权的行使对象是工程，即对于工程拍卖或变卖的价款享有优先权。该条款并未规定发包人必须是业主，委托代建中的施工总承包人系直接与发包人签署合同，故委托代建模式下的承包人享有建设工程价款优先受偿权。

第三种观点：委托代建合同不同于委托代理合同，系独立的无名合同，委托代建源于国际上通用的工程项目委托管理（托管），目的是避免"自建制"带来的弊端。一些单位缺乏工程方面的管理经验和人才，监管及运作困难，采用代建制可以将工程建设中的风险进行切割，委托人只需要负责监管即可。故委托代建合同与一般的委托代理合同是不同的，主要不同点如下：受托人接受委托后以自己的名义与他人签署合同，在此过程中产生的利益与风险由受托人自己承担；委托代建合同除适用《民法典》外，还需适用《政府采购法》《招标投标法》等有关建筑方面的法律法规、规章制度，以及有关代建制管理的相关制度。从代建制设立的背景和初衷来看，代建制不是纯粹的委托代理，如果仅是委托代理，通过监理制度也能实现，没有必要再设置代建制度。综上所述，委托代建合同并非委托代理合同，不能适用《民法典》第九百二十六条关于委托代理的规定，更不能以该规定为基础主张建设工程价款优先受偿权。

本书认为，代建方式系业主基于自身的风险控制能力选择的一种建设模式，代建工程的最终所有权、收益权归于业主，如果业主通过设置这种自身权益保护壳的代建行为来免除自身责任，对工程承包人来说极为不公，也违背了建设工程价款优先受偿权设置的初衷，即保护劳动者的劳动报酬。本书倾向于第一种观点，即将委托代建的法律属性定性为委托代理，这种定性也有相应的司法判决予以印证。

六、借用资质、转包、违法分包的情形下，出借资质一方、转包人、违法分包人是建设工程价款优先受偿权的权利主体

在借用资质、转包、违法分包的情形下，根据《施工合同解释（一）》第一条的规定，借用资质、转包、违法分包的行为无效，同时因借用资质承包人与发包人签订的施工合同也无效。但对于工程价款，《民法典》第七百九十三条坚持的是工程质量优于合同效力的原则，虽然合同无效，工程质量合格的仍应参照合同约定的工程价款折价补偿。《施工合同解释（一）》第三十五条将建设工程价款优先受偿权的主体限定为与发包人直接签署合同且建设的工程质量合格的承包人，并未限定合同必须有效，出借资质一方、转包人、违法分包人与整体工程的发包人之间仍形成建设工程施工合同关系，发包人仍然基于双方之间的合同取得了涉案的工程，出借资质一方、转包人、违法分包人基于合同应取得相应的价款，并应当优先受偿。《最高人民法院建设工程施工合同司法解释（二）理解与适用》对此也做出了明确的条文释义，并未设定享有建设工程价款优先受偿权的前提是合同有效，故出借资质一方、转包人、违法分包人应是建设工程价款优先受偿权的权利主体。

七、勘察人、设计人、监理单位、造价咨询单位不是建设工程价款优先受偿权的权利主体

根据《施工合同解释（一）》第三十五条的规定，施工合同承包人才享有建设工程价款优先受偿权，而设计人、勘察人、监理单位、造价咨询单位不是施工合同的承包人，所以不是建设工程价款优先受偿权的权利主体。

根据《民法典》第七百九十六条的规定，监理合同是委托代理合同，不属于建设工程合同。建设工程价款优先受偿权规定在《民法典》第八百零七条，仅建设工程合同的承包人才享有的权利。并且，监理人的工作成果，也并不直接转化为建设工程。因此，监理单位不享有建设工程价款优

先受偿权。

造价咨询合同是指发包人与造价咨询单位签署的对建设项目投资、工程造价的确定与控制提供专业咨询服务的合同，应归类于《民法典》合同编部分的技术合同，不属于建设工程合同，其工作成果也并不直接转化为建设工程。因此，造价咨询单位不享有建设工程价款优先受偿权。

八、工程总承包模式下的施工分包人不是建设工程价款优先受偿权的权利主体

工程总承包模式下的施工分包人，与发包人无直接的合同关系，无法向发包人主张建设工程价款优先受偿权。既然工程总承包人已经享有了建设工程价款优先受偿权，那么同一个工程就不应当再赋予施工分包人建设工程价款优先受偿权。因此工程总承包模式下的施工分包人不是建设工程价款优先受偿权的权利主体。

九、专业分包人、劳务分包人不是建设工程价款优先受偿权的权利主体

根据《施工合同解释（一）》第三十五条的规定，享有建设工程价款优先受偿权的是与发包人签订建设工程施工合同的承包人，专业分包人、劳务分包人与发包人无直接的合同关系，无法向发包人主张建设工程价款优先受偿权。既然施工总承包人已经享有了建设工程价款优先受偿权，那么同一个工程就不应当再赋予专业分包人、劳务分包人建设工程价款优先受偿权。因此专业分包人、劳务分包人不是建设工程价款优先受偿权的权利主体。

十、借用资质情形下的借用资质一方不是建设工程价款优先受偿权的权利主体

借用资质的情形下，借用资质的一方不是与发包人签订施工合同的承包人，其与发包人无合同关系，不能向发包人主张建设工程价款优先受偿权。出借资质的一方和借用资质的一方也不应当对同一工程同时享有建设工程价款优先受偿权。

也有观点认为，借用资质一方享有建设工程价款优先受偿权。其理由是发包人与出借资质一方之间的合同系无效合同，直接履行合同的是发包人与借用资质一方，借用资质一方与发包人形成事实上的施工合同关系，借用资质一方也是承包人，享有建设工程价款优先受偿权。同时，出借资质一方没有动力主张工程价款，也没有动力主张建设工程价款优先受偿权，不赋予借用资质一方建设工程价款优先受偿权，最终损害借用资质一方的利益，损害建筑工人的利益，所以借用资质一方应享有建设工程价款优先受偿权。

最高人民法院（2019）最高法民申 2755 号、（2019）最高法民申 2852号、①（2019）最高法民申 6310 号案件的裁判，均以实际施工人不是施工合同承包人为由，认定借用资质一方的实际施工人，不享有建设工程价款优先受偿权。但同时，最高人民法院在（2019）最高法民申 6085 号②案件又明确认定，实际施工人享有建设工程价款优先受偿权，可见司法实务仍存有较大争议。

本书认为不应当让任何人从其违法行为中获益，借用资质一方应当认识到借用资质的法律风险，不应当赋予其比合法分包人更多的法律权利，不应认可其建设工程价款优先受偿权。

---

① 主要观点：陈某国为借用资质的实际施工人。建设工程价款优先受偿权是一种物权性权利，根据《物权法》第五条 "物权的种类和内容，由法律规定" 之物权法定原则，享有建设工程价款优先受偿权的主体必须由法律明确规定。而《合同法》第二百八十六条、《最高人民法院关于建设工程价款优先受偿权问题的批复》第一条均明确限定建设工程价款优先受偿权的主体是建设工程的承包人，而非实际施工人。这也与《施工合同解释（二）》第十七条明确规定建设工程价款优先受偿权的主体为 "与发包人订立建设工程施工合同的承包人" 这一立法精神相契合。陈某国作为实际施工人，并非法定的建设工程价款优先受偿权主体，不享有建设工程价款优先受偿权。

② 主要观点：在建设工程施工合同关系中，建设工程价款优先受偿权是为了保障工程价款请求权得以实现而设立的，而工程价款请求权又是基于合同关系产生的，所以，应受合同相对性的限制。《施工合同解释（二）》第十七条规定即体现了此种精神。在发包人同意或者认可挂靠存在的情形下，挂靠人作为没有资质的实际施工人借用有资质的建筑施工企业（被挂靠人）的名义，与发包人订立了建设工程施工合同。挂靠人是实际施工人，被挂靠人是名义承包人，两者与发包人属于同一建设工程施工合同的双方当事人。因此，认定挂靠人享有建设工程价款优先受偿权，并不违反该条的规定。将《施工合同解释（二）》第十七条解释为只要是实际施工人，便缺乏行使建设工程价款优先受偿权的法律依据，排除了挂靠关系中的实际施工人作为实际施工人应该享有建设工程价款优先受偿权的情形，适用法律确有错误。

十一、转承包人、违法分包承包人不是建设工程价款优先受偿权的权利主体

转承包人、违法分包人与发包人无施工合同关系，不享有建设工程价款优先受偿权。《2011 民事审判纪要》明确：因违法分包、转包等导致建设工程合同无效的，实际施工人请求依据《合同法》第二百八十六条的规定对建设工程行使建设工程价款优先受偿权的，不予支持。《最高人民法院建设工程施工合同司法解释（二）理解与适用》一书中也明确指出实际施工人不应享有建设工程价款优先受偿权。

【相关规定链接】

1.《民法典》

第九百二十六条　受托人以自己的名义与第三人订立合同时，第三人不知道受托人与委托人之间的代理关系的，受托人因第三人的原因对委托人不履行义务，受托人应当向委托人披露第三人，委托人因此可以行使受托人对第三人的权利。但是，第三人与受托人订立合同时如果知道该委托人就不会订立合同的除外。

受托人因委托人的原因对第三人不履行义务，受托人应当向第三人披露委托人，第三人因此可以选择受托人或者委托人作为相对人主张其权利，但是第三人不得变更选定的相对人。

委托人行使受托人对第三人的权利的，第三人可以向委托人主张其对受托人的抗辩。第三人选定委托人作为其相对人的，委托人可以向第三人主张其对受托人的抗辩以及受托人对第三人的抗辩。

2.《施工合同解释（一）》

第三十五条　与发包人订立建设工程施工合同的承包人，依据民法典第八百零七条的规定请求其承建工程的价款就工程折价或者拍卖的价款优先受偿的，人民法院应予支持。

第三十七条　装饰装修工程具备折价或者拍卖条件，装饰装修工程的承包人请求工程价款就该装饰装修工程折价或者拍卖的价款优先受偿的，人民

法院应予支持。

3.《总承包管理办法》

第三条 本办法所称工程总承包，是指承包单位按照与建设单位签订的合同，对工程设计、采购、施工或者设计、施工等阶段实行总承包，并对工程的质量、安全、工期和造价等全面负责的工程建设组织实施方式。

4.《工程造价咨询企业管理办法》

第三条 本办法所称工程造价咨询企业，是指接受委托，对建设项目投资、工程造价的确定与控制提供专业咨询服务的企业。

第三章　建设工程价款优先受偿权的权利客体范围

一、建设工程原则上可以成为建设工程价款优先受偿权的客体

依据《民法典》第八百零七条的规定，建设工程原则上可以成为建设工程价款优先受偿权的客体，但不宜折价或拍卖的除外。

二、建设用地使用权不属于建设工程价款优先受偿权的客体范围

肯定说认为，建设工程价款优先受偿权可支配的客体范围及于建设工程占用范围内的建设用地使用权。梁慧星教授认为，法定抵押权（建设工程价款优先受偿权）的标的物为承包人施工所完成的，属于发包人所有的建设工程（不动产）及其基地使用权，包括组装或固定在不动产上的动产，不包括建设工程中配套使用的未组装的不动产的动产。德国立法例为该观点提供了佐证，《德国民法典》第六百四十八条第一款规定建设工程或建设工程一部分的承揽人，以其因合同所产生的债权，可以要求定作人让与建筑用地的担保抵押权。工程尚未完工的，承揽人可以为了其已提供劳动的相应部分的报酬以及未包括在报酬之内的垫款要求让与担保抵押权。亦有观点认为建设工程价款优先受偿权为法定抵押权，根据《民法典》第三百五十六条、第三百五十七条房随地走、地随房走的规则，认为建设工程价款优先受偿权一并及于建设工程占用范围内的建设用地使用权。

否定说认为，建设工程价款优先受偿权不及于建设工程占用范围内的建设用地使用权。建设工程价款优先受偿权是一项保护承包人的政策，强调建

设工程主要依赖承包人垫资，包括提供劳务和材料，但在其建设之前，发包人或银行已经垫付有关的款项取得建设用地使用权，承包人的材料和劳务的付出沉淀于建设工程上，而非土地的价值上。域外多国立法采纳该观点。《法国民法典》规定，建设工程价款优先受偿权限于转让不动产时由于所进行的工程而增加的价值。《日本民法典》规定，不动产工事的先取特权，以不动产因工事而产生的增加现存情形为限，只就增价额存在。《埃及民法典》规定，建设工程价款优先受偿权于此等不动产出卖时为他们增加的价值范围内，就此等建造物享有优先权。《最新路易斯安那民法典》规定，出卖人从土地估价中受偿，建设工程的作业人从建设工程的估价中受偿。最高人民法院在 2004 年 12 月 8 日发布的《装饰装修优先权函复》规定："享有优先权的承包人只能在建筑物因装修装饰而增加价值的范围内优先受偿。"

本书认为建设工程价款优先受偿权不及于建设工程占用范围内的建设用地使用权。主要理由如下。

（1）符合建设工程价款优先受偿权的增值理论。建设工程承包人的付出仅对建设工程的增值有贡献，其支配该贡献形成之物，对任何人均体现了公平的理念。而建设用地使用权是工程建设之前就已经形成的，其价值与承包人的工程建设无关，故不应成为建设工程优先受偿权支配的客体。若将建设工程价款优先受偿权支配于没有贡献的建设用地使用权价值之上，不仅将损害其适用的基础，而且将损害在先权利人及其他债权人的利益。

（2）符合《民法典》规定的物权法体系。虽然《民法典》第二百一十条、第三百五十六条、第三百五十七条、第三百九十七条规定了不动产统一登记、建设用地使用权与建设工程一并处分的原则，但其并不否认建设用地使用权和建设工程为两个独立的客体，可独立支配，从资产评估的角度也是分别评估。建设工程价款优先受偿权实现的途径是对建设工程的折价或拍卖，即以建设工程的交换价值来体现。既然建设用地使用权和建设工程的价值可以分别评估，就表明其交换价值在实体上是可分的。特别是根据《民法典》第四百一十七条的规定，建设用地使用权上设立的抵押权不及于其上新形成的建设工程，这也表明，建筑物在法律上与其占用范围内的建设用地使用权在交换价值上是独立的。

（3）符合任何行为均不得损害在先权利人利益的法律规定。在先的建设用地使用权既是发包人财产，也是发包人对债权人承担债务的责任财产，若建设工程价款优先受偿权支配的效力范围及于建设用地使用权，优先于建设用地使用权上设定的意定抵押权，将极大地损害在先抵押权人的利益，危害建设用地抵押权人的交易安全，不动产抵押秩序将荡然无存。这与德国的建设工程价款优先受偿权不同。德国的建设工程价款优先受偿权定性为法定抵押权，并及于土地，但需要登记公示方产生效力，遵循先登记效力优先原则，所以建设工程价款优先受偿权并不会损害先前进行的交易安全秩序。而我国的建设工程价款优先受偿权则不需要登记方式予以公示，若允许建设工程价款优先受偿权支配于建设工程占用范围内的建设用地使用权，将会损害利害关系人的利益，特别是建设用地使用权抵押权人的利益。

（4）不需要建设用地使用权的价值也足以实现承包人的债权。在一般情形下，建设工程本身的价值大于拖欠的工程价款，建设工程价款优先受偿权不及于建设用地使用权，足以维护承包人的利益。所以建设工程价款优先受偿权的客体无须及于建设用地使用权。

（5）建设工程价款优先受偿权可支配的客体范围若及于建设用地使用权，不但保护不了承包人的利益，反而可能成为其拖累。某些金融机构为了规避风险，要求发包人在签订借款合同时，提供承包人事先放弃建设工程价款优先受偿权的声明，而承包人有时考虑到自身处于市场弱势地位，也不得不做出声明。若建设工程价款优先受偿权可支配于建设用地使用权，则处于强势地位的金融机构也会要求承包人以提供担保的方式抵消建设工程价款优先受偿权给其带来的不利后果，这样最终会损害建设工程承包人的利益。

（6）最高人民法院及地方人民法院的指导意见，均明确建设工程价款优先受偿权不及于建设工程占用范围内的建设用地使用权。最高人民法院民事审判第一庭的意见[1]：《合同法》第二百八十六条规定的建设工程价款优先受偿权不及于建设工程所占用的建设用地使用权部分。在将建设工程价值变现

---

[1]　最高人民法院民一庭：《〈合同法〉第286条规定的建设工程价款优先受偿权的客体不及于建设物所占用的建设用地使用权》，载《民事审判指导与参考》（第44集），法律出版社2011年版。

时，尽管根据"房地一体处分"原则要将建设工程和建设用地使用权一起进行处分，但是在一起处分时要区分开建设工程的价值和建设用地使用权的价值，建设工程价款优先受偿权仅对建设工程的价值部分有优先受偿的效力。

三、如何区分和评估建设工程价值和建设用地使用权的价值

根据《民法典》第三百五十六条、第三百五十七条、第三百九十七条的规定，我国坚持建设用地使用权与建设工程一并处分的原则，但由于建设用地使用权的价值不属于建设工程价款优先受偿权的客体，因此在一并处分时，应分别评估建设用地使用权和建设工程的价值，以便于实现承包人的建设工程价款债权。评估时间点应当以处分时间为准，评估的方法应当以正常交易条件下的市场价格法为准。

建设工程可以建设在租赁的土地之上，拍卖建设工程和土地的价值是可以单独进行评估的，即拍卖建设工程的时候是可以区分建设工程价值和建设用地使用权价值的。最高人民法院（2006）民二终字第153号一案的裁判观点实质上也暗含了建设工程的价值可以和建设用地使用权价值分离的概念。在该案例中，主要观点是当事人在签订抵押合同时，如果仅仅约定以自有房产设定抵押并办理房屋抵押登记，并未将该房产所附着的、以划拨方式取得的国有建设用地使用权一并抵押的，该合同仍然有效。可见，最高人民法院已经认可了建设工程价值和建设用地使用权价值分离的概念。

应当评估和区分建设工程价值和建设用地使用权价值。例如，某房地产公司于1996年11月以有偿方式取得一块土地50年使用权，并于1998年11月在此地块上建成一座砖混结构的写字楼，当时造价为每平方米2 000元，经济耐用年限为50年，残值率为2%。2000年该类建筑重置价格为每平方米2 500元。该建筑占地面积为500平方米，建筑面积为900平方米。在出租期间，每月平均实收租金为3万元。另据调查，当地同类写字楼出租租金一般为每月每平方米50元，空置率为10%，每年需支付的管理费、维修费、土地使用税及房产税、保险费等出租费用为73 260元，土地资本化率为7%，建设工程资本化率为8%。根据以上资料评估该宗地2000年11月的建设用地使用权价格。

（1）确定评估方法，该宗房地产有经济收益，适宜采用收益法。

（2）计算总收益。总收益应该为客观收益而不是实际收益。年总收益 = $50 \times 12 \times 900 \times (1 - 10\%) = 486\ 000$ 元。

（3）计算总费用。年总费用已知为 73 620 元。

（4）计算房地产纯收益。年房地产纯收益 = 年总收益 - 年总费用 = $486\ 000 - 73\ 260 = 412\ 740$ 元。

（5）计算房屋纯收益。首先，计算年折旧费。年折旧费 = 建设工程重置价 ÷ 使用年限 = $2\ 500 \times 900 \div 50 = 45\ 000$ 元。其次，计算房屋现值。房屋现值 = 房屋重置价 - 年折旧费 × 使用年数 = $2\ 500 \times 900 - 45\ 000 \times 4 = 2\ 070\ 000$ 元。最后，计算房屋纯收益。年房屋纯收益 = 房屋现值 × 房屋资本化率 = $2\ 070\ 000 \times 8\% = 165\ 600$ 元。

（6）年土地纯收益 = 年房地产纯收益 - 年房屋纯收益 = $412\ 740 - 165\ 600 = 247\ 140$ 元。

（7）计算建设用地使用权价值。建设用地使用权在 2000 年 11 月的剩余使用年期 = $50 - 4 = 46$ 年，建设用地使用权价值 = $247\ 140 \div 7\% = 3\ 530\ 571$ 元。

（8）评估结果。本宗土地在 2000 年 11 月的建设用地使用权价值为 3 530 571 元，单价为每平方米 7 061 元。

建设工程价值和建设用地使用权价值是可以分开评估的，包括两者的增值价值，但该方法实质上是将房地产的增值均归结为土地的增值，房屋不仅不增值反而折旧。

当然也可以按原土地投资额与房产投资额的比例，按比例分享房地产的增值。比如上述地块土地出让金是每平方米 1 500 元，500 平方米合计 75 万元，房产投资是每平方米 2 000 元，900 平方米合计房产投资 180 万元，2000 年房地产市场价是每平方米建筑面积 6 200 元，合计市场价 5 580 000 元（与上述房屋和土地总价相一致的假设条件），则房屋价格 = $5\ 580\ 000 \times 180 \div (75 + 180) = 3\ 938\ 824$ 元，折合每平方米 4 376 元，土地价格 = $5\ 580\ 000 \times 75 \div (75 + 180) = 1\ 641\ 176$ 元，折合每平方米 3 282 元。两种计算方法得出的土地和房产的价值有较大差异，急需权威的计算方法。

四、违法建筑是否可以成为建设工程价款优先受偿权的客体

（一）违法建筑是否可以成为建设工程价款优先受偿权的客体存在巨大争议

根据《国有土地上房屋征收与补偿条例》第二十四条及《国有土地使用权解释》第十八条的规定，违法建筑一般是指未经规划主管部门批准，未领取建设工程规划许可证或临时建设工程规划许可证，擅自建造的建设工程和构筑物。

对因建设违法建筑导致施工合同无效，承包人是否可以行使建设工程价款优先受偿权，有两种意见。

否定说认为，因违法建筑在执行变现上存在困难，无法进行拍卖，并存在通过民事判决将违法行为合法确权的嫌疑，因此不成立建设工程价款优先受偿权。

《宁波中院解答》认为，根据《合同法》第二百八十六条规定的内容，建设工程价款优先受偿权适用的前提是合法建筑。对违章建筑的认定和处理，按照城乡规划法等法律、法规规定，属于国家有关行政机关的职权范围，应由有关行政机关处理，不宜由民事审判实现。实际施工人对违章建筑不享有建设工程价款优先受偿权。

海南省高级人民法院在（2015）琼环民终字第 28 号案件中认为，根据合同法第二百八十六条的规定，建设工程承包人享有建设工程价款优先受偿权，但按照建设工程的性质不宜折价、拍卖的除外。涉案工程为违法建筑，强云劳务公司明知自己无建筑施工企业资质，明知涉案工程未依法进行报建并取得施工许可证，也未办理质量监督手续，仍然违法施工，无法保证工程质量，严重违反了工程质量条例、规划法和建筑法的有关规定，施工合同和施工行为均无效。违法建筑不能取得相应物权，也不能由当事人自由处分，应属合同法第二百八十六条规定的按工程性质不能折价以及不能申请拍卖的情形。在该案中海南省高级人民法院认为违法建筑不能成立建设工程价款优先受偿权。

肯定说认为，建设工程价款优先受偿权的制度目的在于保护工人的工资债权，只要违法建筑存在，违法建筑有一定的使用价值，并可能以出租等方式受益。违法建筑在被行政机关处理前，不能确认为违法，且违法处理的结果可能补正，并不一定拆除，就应该肯定承包人对这种工作成果享有建设工程价款优先受偿权。

最高人民法院在（2016）最高法执监 161 号一案中认为，根据《城乡规划法》第六十四条的规定，对违法建筑的法定处理机关为县级以上地方人民政府的规划主管部门；处理方式包括停止建设、限期改正并处罚款、限期拆除、没收实物或违法收入等。而在违法建筑被相关部门行使公权力拆除或自行拆除前，违法建筑仍具有一定的使用价值。

最高人民法院法官仲伟珩认为，可以对违法建筑享有建设工程价款优先受偿权。① 这也与近年来在执行程序中按现状拍卖等情况相符合。

综合以上意见，本书认为，对违法建筑是否可以享有建设工程价款优先受偿权，应具体问题具体分析。一般情形下，从制止违法行为的立法目的出发，为防止生效判决的执行不能，也防止出现司法裁判与行政处理之间的矛盾，不宜认定对违法建筑享有建设工程价款优先受偿权。但也要保持开放和灵活务实的司法态度，在违法建筑被实际使用，特别是对外出租等情形下，可以考虑认定对违法建筑的建设工程价款优先受偿权。

（二）可以弥补的违法建筑，可以认定建设工程价款优先受偿权

根据《民法典》第七百九十三的规定，施工合同无效，承包人可主张对已施工完成的质量合格的建设工程折价补偿。折价补偿的前提就是，即使施工合同无效，建设工程的价值也应归承包人所有。只能主张折价补偿的原因是建设工程无法返还。只要承包人施工完成的建设工程具有价值，其价值归属承包人，承包人均应有权对该建设工程主张建设工程价款优先受偿权，不论施工合同是否有效。违法建筑只要存在，除被责令依法拆除外，在现行法律框架下还存在以下几种可能：一是被责令改正，得以补办欠缺的用地审批

---

① 仲伟珩：《从违法建筑的法律定位分析违法建筑的处理》，载《民事审判指导与参考》（第 42 集），法律出版社 2010 年版。

及规划许可手续，成为合法建筑；二是未被依法拆除，暂时也未能补办相关手续，作为遗留问题处理，违法建筑可使用收益；三是责令没收违法收入，建设工程、构筑物仍保留使用。上述情况下，违法建筑均具有财产价值。违法建筑因违法程度及性质不同，可能遭受的行政处罚结果并不相同，承包人能否对违法建筑主张建设工程价款优先受偿权，应根据法律规定的处罚类型及行政处罚结果区别对待。

（三）对于已被政府主管部门做出处罚决定限期拆除的违法建筑，不得主张建设工程价款优先受偿权

《土地管理法》第七十五条规定："违反本法规定，占用耕地建窑、建坟或者擅自在耕地上建房……由县级以上人民政府自然资源主管部门、农业农村主管部门等按照职责责令限期改正或者治理，可以并处罚款……"第七十七条规定："未经批准或者采取欺骗手段骗取批准，非法占用土地的，由县级以上人民政府自然资源主管部门责令退还非法占用的土地，对违反土地利用总体规划擅自将农用地改为建设用地的，限期拆除在非法占用的土地上新建的建筑物和其他设施，恢复土地原状……"第七十八条规定："农村村民未经批准或者采取欺骗手段骗取批准，非法占用土地建住宅的，由县级以上人民政府农业农村主管部门责令退还非法占用的土地，限期拆除在非法占用的土地上新建的房屋……"违反上述土地用途管制规定的违法建筑，除擅自将农用地改为建设用地但"符合土地利用总体规划"的情形外，其他违法建筑应属于限期拆除的类型。违反土地用途管制的另一种类型，即改变已批准的国有土地的用途进行建设，则属于违反规划控制的范畴。

《城乡规划法》第六十四条规定："未取得建设工程规划许可证或者未按照建设工程规划许可证的规定进行建设的，无法采取改正措施消除影响的，限期拆除……"第六十五条规定："在乡、村庄规划区内未依法取得乡村建设规划许可证或者未按照乡村建设规划许可证的规定进行建设的，由乡、镇人民政府责令停止建设、限期改正；逾期不改正的，可以拆除。"根据上述规定，未取得建设工程规划许可证或者未按照建设工程规划许可证的规定进行建设且无法采取改正措施消除影响的，违法建筑应依法拆除。未依法取得

乡村建设规划许可证或者未按照乡村建设规划可证的规定进行建设且逾期不改正的，违法建筑可以拆除。

经政府主管部门做出行政处罚决定，被认定为依法应当拆除的违法建筑，且已经责令限期拆除的违法建筑，无法通过折价或拍卖在拆除外获得补偿，承包人不得对此类违法建筑主张建设工程价款优先受偿权。

（四）未取得建设工程规划许可手续，但尚可采取改正措施消除对规划实施的影响的违法建筑，限期改正后，应当允许承包人主张建设工程价款优先受偿权

《城乡规划法》第六十四条规定未取得建设工程规划许可证或者未按照建设工程规划许可证的规定进行建设的，尚可采取改正措施消除对规划实施的影响的，限期改正，处建设工程造价百分之五以上百分之十以下的罚款。住房和城乡建设部《关于规范城乡规划行政处罚裁量权的指导意见》第四条规定，"违法建设行为有下列情形之一的，属于尚可采取改正措施消除对规划实施影响的情形：（一）取得建设工程规划许可证，但未按建设工程规划许可证的规定进行建设，在限期内采取局部拆除等整改措施，能够使建设工程符合建设工程规划许可证要求的。（二）未取得建设工程规划许可证即开工建设，但已取得城乡规划主管部门的建设工程设计方案审查文件，且建设内容符合或采取局部拆除等整改措施后能够符合审查文件要求的。"《城乡规划法》第六十五条规定在乡、村庄规划区内未依法取得乡村建设规划许可证或者未按照乡村建设规划许可证的规定进行建设的，由乡、镇人民政府责令限期改正。本书认为，违反规划控制的法律规定可以限期改正的违法建筑，当事人积极采取改正措施，最终通过补办取得建设工程规划许可手续，变成合法建筑后，应当允许承包人对其施工完成的建设工程、构筑物主张建设工程价款优先受偿权。

（五）对于依法应当予以没收的违法建筑，承包人无权主张建设工程价款优先受偿权

根据《土地管理法》第七十七条的规定，违反土地利用总体规划擅自将农用地改为建设用地的，对符合土地利用总体规划的，没收在非法占用的土地上新建的建筑物和其他设施。《城乡规划法》第六十四条规定未取得建设工程规划许可证或者未按照建设工程规划许可证的规定进行建设的，无法采取改正措施消除影响的，且不能拆除的，没收实物或者违法收入，可以并处建设工程造价百分之十以下罚款。符合上述情形的违法建筑，被政府主管部门依法没收后，违法建筑归国家所有，发包人丧失对违法建筑的权利。建设工程价款优先受偿权行使的前提，应是发包人对建设工程拥有财产权利。建设工程价款优先受偿权制度的设立，是为了解决私人之间的债务问题，属于私权的范畴。政府对违法建筑执行没收，是行使公权力的行为，带有国家强制力和对违法建设行为惩罚的性质。发包人丧失对建设工程、构筑物的权利后，承包人主张对国家所有的建设工程行使建设工程价款优先受偿权，于法无据。

（六）对于暂未拆除的违法建筑，可考虑建立物上代位制度

政府对于违法建筑的处置，往往会考虑多方面的因素，对于无法补办手续，也不宜立即拆除的违法建筑，暂时予以保留使用。比如大量存在的小产权房等。或者根据《城乡规划法》第六十四条的规定，对未取得规划手续无法采取改正措施消除影响的，且不能拆除的，没收违法收入而保留违法建筑使用。上述违法建筑且无合法的产权手续，但发包人仍可对违法建筑进行使用收益。如果不允许承包人对此类违法建筑主张建设工程价款优先受偿权，将使得承包人的权利反因发包人的违法行为而被剥夺，显然对承包人不公平，也不利于农民工权益的保障。本书建议，应将建设工程价款优先受偿权纳入《民法典》规定的担保物权的适用范围，扩大《民法典》第三百九条规定的物上代位范围，承认违法建筑收益上的物上代位，规定承包人可主张对违法建筑的收益代位取偿，使得建设工程价款优先受偿权制度更加完善。

建筑违章但土地具有合法的使用权也要给予适当的补偿，如果因拆除造成土地使用收益损失应予以适当补偿。

五、其他不宜折价、拍卖的建设工程的范围

（一）工程质量不合格且难以修复的建筑

根据《民法典》第七百九十三条的规定，修复后的建设工程经竣工验收

不合格，承包人请求支付工程价款的，不予支持。根据举重明轻的法理，承包人更不能享有建设工程价款优先受偿权。

（二）学校、幼儿园、医疗机构等为公益目的成立的非营利法人的教育设施、医疗卫生设施和其他公益设施

根据《民法典》第三百九十九条的规定，学校、幼儿园、医疗机构等为公益目的成立的非营利法人的教育设施、医疗卫生设施和其他公益设施不得抵押。对于上述财产的抵押进行限制，主要是基于公共利益的角度考虑，限制上述财产的交易，以免影响教育、医疗等公益事业。同理，对于不适合抵押的财产，更不适合通过折价、拍卖的方式进行转让。故学校、幼儿园、医疗机构等为公益目的成立的非营利法人的教育设施、医疗卫生设施和其他公益设施，属于不宜折价、拍卖的情形。

（三）军事、国防设施，已投入使用的政府机关办公楼

《四川高院解答》认为建设工程属于国家机关已投入使用的办公用房或者军事建筑，不属于建设工程价款优先受偿权的客体。

《天津仲裁委指引》认为政府机关办公楼、道路、桥梁等公益建筑均不适用建设工程价款优先受偿权。

（四）公共租赁住房不属于公益目的设施，可以成为建设工程价款优先受偿权的客体

最高人民法院（2019）最高法民申 6931 号民事裁定书[①]认为，公共租赁住房不属于不宜折价、拍卖的以公益为目的设施，可以成为建设工程价款优先受偿权的客体。

---

① 主要观点：《合同法》第二百八十六条规定的不宜折价、拍卖的工程一般是指违章建筑、工程质量不合格且难以修复的建筑、国防设施，以及学校、幼儿园、医院等以公益为目的的事业单位、社会团体的教育设施、医疗卫生设施和其他社会公益设施等。瀚瑞公司以公共租赁房屋为由，主张承包人不享有建设工程价款优先受偿权缺乏法律依据，原审法院不予支持并无不当，对于瀚瑞公司补充提交的相关证据，因不足以影响判决结果且已超过举证期限，原审法院不予理涉，亦无不妥。

六、建设工程的添附物是否可以成为建设工程价款优先受偿权的客体

根据《民法典》第三百二十二条的规定，由于添附而形成新物的，按约定、法律规定确定物的归属。显然建设工程的添附物因添附而成为建设工程的一部分。建设工程的添附物可以成为建设工程价款优先受偿权的客体。但《施工合同解释（一）》第三十七条规定："装饰装修工程具备折价或者拍卖条件，装饰装修工程的承包人请求工程价款就该装饰装修工程折价或者拍卖的价款优先受偿的，人民法院应予支持。"在实现建设工程价款优先受偿权时，应当对装饰装修工程与原建设工程分别进行评估，一并拍卖，分别实现对应的建设工程价款优先受偿权。

七、平行发包模式下是否应当区分各承包人权利客体的价值

平行发包模式是指发包人将项目的土建、机电安装、装修等项目分别发包给不同的承包人，并分别与各承包人签订合同，各承包人之间是独立和平行的，不存在从属关系或者管理与被管理的关系。

据合同的相对性原则，各承包人仅对施工合同约定的部分工程承担建设义务。承包人只能对其所建设的建设工程主张建设工程价款优先受偿权，所以应当区分各承包人权利客体的价值。

当然在无法区分各承包人权利客体的价值情形，平行发包模式下的各承包人对建设工程整体均有建设工程价款优先受偿权，应当整体评估建设工程权利客体的价值，并按各自平行发包模式下工程价款（或欠款）占工程总价款（或总欠款）的比例，分配各平行承包人相应的建设工程价款优先受偿权对应的债权。

八、同一合同项下，不同单项工程拖欠的工程价款是否仅对相应的单项工程享有建设工程价款优先受偿权

现实中的问题是，同一合同项下，有5个单项工程（5栋楼），支付进度款时也确实按不同的单项工程分别计算支付，但由于1、2、3、4号楼先行验

收，承包人主张权利时，已超过 18 个月的除斥期间，此时仅剩 5 号楼未验收。但 5 栋楼均拖欠部分工程价款，承包人是仅就 5 号楼的欠款对 5 号楼工程享有建设工程价款优先受偿权，还是就 5 栋楼的欠款均对 5 号楼享有建设工程价款优先受偿权？

建设工程价款优先受偿权有担保属性，通常情形下，同一合同项下，发包人是以全部工程作为对承包人支付工程价款的担保，同一合同项下的建设工程应当作为整体来对待，对同一合同项下的全部欠款起担保功能。因此，同一合同项下，不同单项工程拖欠的工程价款并非仅对相应的单项工程享有建设工程价款优先受偿权。这与多个抵押物担保同一债权，存在相似的情形。

河南省高级人民法院（2018）豫民终 296 号案件，[①] 针对该问题进行了明确说明，认定同一合同项下，某一单项工程对全部合同欠款负担建设工程享有建设工程价款优先受偿权。

九、不能行使建设工程价款优先受偿权的其他情形

消费者交付购买商品房的全部或者大部分的款项后，承包人就该商品房享有的建设工程价款优先受偿权不得对抗买受人。司法解释的这一规定表明，最高人民法院在建设工程企业利益和消费者居住权冲突时，更倾向于优先保护普通消费者的居住权。

【相关规定链接】

1.《民法典》

第二百一十条　不动产登记，由不动产所在地的登记机构办理。

---

① 主要观点：关于 8 号楼之外的欠付工程价款是否应当纳入优先受偿范围。红日公司与红东方公司之间是对盛世天骄项目一期 1、2、3、5、7、8、11 号楼签订总承包合同，该 7 幢楼是作为一个整体工程来施工的。双方合同中的工程范围、价款、结算条款也是针对该 7 幢楼整体而言的，红东方公司付款时也未区分楼幢，而是按全部工程的进度进行的。鉴于红日公司已因超期无法对其他 6 幢楼行使建设工程价款优先受偿权，仅剩对 8 号楼工程主张的建设工程价款优先受偿权未超期，红日公司有权就未超期的 8 号楼工程对其承建的所有楼盘欠付的工程价款主张建设工程价款优先受偿权。故原审判决认定红日公司在欠付工程价款总额范围内就 8 号楼的房产拍卖价款优先受偿，并无不当。

国家对不动产实行统一登记制度。统一登记的范围、登记机构和登记办法，由法律、行政法规规定。

第三百二十二条 因加工、附合、混合而产生的物的归属，有约定的，按照约定；没有约定或者约定不明确的，依照法律规定；法律没有规定的，按照充分发挥物的效用以及保护无过错当事人的原则确定。因一方当事人的过错或者确定物的归属造成另一方当事人损害的，应当给予赔偿或者补偿。

第三百五十六条 建设用地使用权转让、互换、出资或者赠与的，附着于该土地上的建筑物、构筑物及其附属设施一并处分。

第三百五十七条 建筑物、构筑物及其附属设施转让、互换、出资或者赠与的，该建筑物、构筑物及其附属设施占用范围内的建设用地使用权一并处分。

第三百九十九条 下列财产不得抵押：

（一）土地所有权；

（二）宅基地、自留地、自留山等集体所有土地的使用权，但是法律规定可以抵押的除外；

（三）学校、幼儿园、医疗机构等为公益目的成立的非营利法人的教育设施、医疗卫生设施和其他公益设施；

（四）所有权、使用权不明或者有争议的财产；

（五）依法被查封、扣押、监管的财产；

（六）法律、行政法规规定不得抵押的其他财产。

第四百一十七条 建设用地使用权抵押后，该土地上新增的建筑物不属于抵押财产。该建设用地使用权实现抵押权时，应当将该土地上新增的建筑物与建设用地使用权一并处分。但是，新增建筑物所得的价款，抵押权人无权优先受偿。

2. 《国有土地上房屋征收与补偿条例》

第二十四条 市、县级人民政府及其有关部门应当依法加强对建设活动的监督管理，对违反城乡规划进行建设的，依法予以处理。

市、县级人民政府作出房屋征收决定前，应当组织有关部门依法对征收范围内未经登记的建筑进行调查、认定和处理。对认定为合法建筑和未超过批准期限的临时建筑的，应当给予补偿；对认定为违法建筑和超过批准期限的临时建筑的，不予补偿。

3.《施工合同解释（一）》

第三十七条　装饰装修工程具备折价或者拍卖条件，装饰装修工程的承包人请求工程价款就该装饰装修工程折价或者拍卖的价款优先受偿的，人民法院应予支持。

4.《国有土地使用权解释》

第十八条　当事人违反规划开发建设的房屋，被有批准权的人民政府主管部门认定为违法建筑责令拆除，当事人对损失承担协商不成的，按照当事人过错确定责任；过错无法确定的，按照约定的投资比例确定责任；没有约定投资比例的，按照约定的利润分配比例确定责任。

第四章　建设工程价款优先
受偿权的债权范围

一、建设工程价款优先受偿权的债权范围

（一）建设工程价款优先受偿权的债权范围等同于建设工程价款的范围

《施工合同解释（一）》第四十条第一款规定："承包人建设工程价款优先受偿的范围依照国务院有关行政主管部门关于建设工程价款范围的规定确定。"根据住房和城乡建设部、财政部《建筑安装工程费用项目组成》的规定，"建筑安装工程费用项目按费用构成要素组成划分为人工费、材料费、施工机具使用费、企业管理费、利润、规费和税金。"人工费、材料费、施工机具使用费、企业管理费、利润、规费和税金的概念及详细组成，见《建筑安装工程费用项目组成》附件1～4。

从上述内容而言，建设工程价款优先受偿权的债权范围等同于建设工程价款的范围。

（二）建设工程价款的债权范围不等同于发包人应向承包人支付的款项

《建设工程施工合同（示范文本）》（GF—2017—0201）通用合同条款1.1.5.2条规定合同价格是指发包人用于支付承包人按照合同约定完成承包范围内全部工作的金额，包括合同履行过程中按合同约定发生的价格变化。结合通用条款第10条"变更"、第11.1条"市场价格波动引起的调整"、第

11.2 条"法律变化引起的调整"，可以看出，合同价格由承包人施工的全部工作、市场价格波动引起的价格调整及法律变化引起的价格调整三部分组成，发生以上三种情形产生的合同价格，应当属于"建设工程价款的范围"，即建设工程价款优先受偿权的行使范围。

根据上述合同通用合同条款第 16.1 条"发包人违约"、第 19.1 条"承包人的索赔"及依据《民法典》第八百零三条"发包人未按照约定的时间和要求提供原材料、设备、场地、资金、技术资料的，承包人可以顺延工程日期，并有权请求赔偿停工、窝工等损失"，第八百零四条"因发包人的原因致使工程中途停建、缓建的，发包人应当采取措施弥补或者减少损失，赔偿承包人因此造成的停工、窝工、倒运、机械设备调迁、材料和构件积压等损失和实际费用"的规定，对于发包人违约及发包人原因导致工程中途停建、缓建的，承包人有权要求赔偿停工、窝工等损失和实际费用，而该部分损失和实际费用，显然不在"合同价格"内，也不属于《建筑安装工程费用项目组成》内容，但属于发包人应支付承包人的款项、赔偿的损失。

（三）合同约定的建设工程价款的范围与《建筑安装工程费用项目组成》规定的费用组成不一致，如何确定建设工程价款优先受偿权的范围

《施工合同解释（一）》第十九条第一款规定："当事人对建设工程的计价标准或者计价方法有约定的，按照约定结算工程价款。"发包人与承包人如果在承包合同中约定了计价方法和计价标准，只要该约定不违反法律、行政法规的强制性规定以及不损害当事人的利益，就应依据当事人约定的工程计价标准来确定工程价款。《建筑安装工程费用项目组成》从效力层级看，并不属于法律、行政法规的强制性规定，违反《建筑安装工程费用项目组成》并不当然导致约定无效。《施工合同解释（一）》第四十条第一款规定："承包人建设工程价款优先受偿的范围依照国务院有关行政主管部门关于建设工程价款范围的规定确定。"在发承包双方改变《建筑安装工程费用项目组成》中价格构成时，约定合法有效，应根据《施工合同解释（一）》第十九条第一款的规定认定建设工程价款优先受偿权的债权范围。

二、承包人利润、逾期支付工程价款利息、垫资款利息是否属于建设工程价款优先受偿权的范围

（一）承包人利润属于建设工程价款优先受偿权的范围

承包人利润，由属于建设工程价款优先受偿权的范围，到排除在外，再到司法解释予以确定的演变过程如下。

（1）从1999年《合同法》颁布实施到2002年《最高人民法院关于建设工程价款优先受偿权问题的批复》出台之前，对此持肯定态度。

（2）从2002年《最高人民法院关于建设工程价款优先受偿权问题的批复》的出台到2019年《施工合同解释（二）》颁布实施前，未将承包人利润纳入建设工程价款优先受偿权的范围。

（3）2021年《施工合同解释（一）》颁布实施，认为对于建设工程价款优先受偿权的范围应以原建设部、财政部规定的《建筑安装工程费用项目组成》予以确定，利润属于承包人建设工程价款优先受偿权的范围，已不存在争议。

（二）逾期支付工程价款的利息不属于建设工程价款优先受偿权的范围

《施工合同解释（一）》第四十条第二款规定，"承包人就逾期支付建设工程价款的利息、违约金、损害赔偿金等主张优先受偿的，人民法院不予支持。"对于发包人逾期支付建设工程价款产生的利息，《施工合同解释（二）》颁布实施前存在争议，但颁布实施后已经确定，不属于建设工程价款优先受偿权的范围。

（三）垫资款利息不属于建设工程价款优先受偿权的范围

垫资款是指建筑施工企业利用自有资金进行施工所垫付以及建筑施工企业在合同签订后不要求建设单位支付工程价款或者仅支付比例极低的部分工程价款，待工程施工到一定阶段或者工程全部完成后，再由建设单位支付的工程价款。

垫资款（垫资款是否属于建设工程价款优先受偿权的范围后续讨论）利

息是否属于建设工程价款优先受偿权的债权范围，现行司法解释并没有予以排除，但对此认识不一。

有观点认为垫资款利息属于建设工程价款优先受偿权的债权范围。其理由有三点。第一，从《施工合同解释（二）》条文演变看，由"利息"限定为"逾期支付建设工程价款的利息"，显然是对"利息"范围的一种限缩。第二，承包人的垫资利息，不具有违约金或损失性质，而是承包人投入资金的实际成本之一。第三，尽管承包人垫资利息未明确列入建设行政主管部门规定的建设工程价款范围之内，但在承包人垫资施工的情况下，通常而言，体现垫资成本投入有两种方式：一种方式是约定发包人承担垫资利息，另一种方式是工程造价上浮调整。在后一种方式下，应当纳入建设工程价款优先受偿权范围之内是无争议的。因此，在前一种情况下，应当予以同等对待。

本书认为，不应将垫资款利息纳入建设工程价款优先受偿权的范围，理由有三点。第一，《施工合同解释（一）》第四十条分别以指引方式与排除方式确定了哪些款项属于建设工程价款优先受偿权的范围及哪些款项不属于，垫资款利息并不属于《建筑安装工程费用项目组成》规定的建设工程价款的范围。第二，从工程价款的支付方式来看，工程价款分为预付款、进度款、结算款，承包人垫资施工产生的利息与发包人逾期支付工程价款产生的利息没有本质区别，都属于承包人的利息损失。第三，工程造价的上浮、下浮与承包人垫资施工并无必然关系，实践中更多的情形是承包人垫资施工但工程造价仍下降。

三、垫资款是否属于建设工程价款优先受偿权的范围

（一）垫资款的"合法性"

根据《建设工程价款结算暂行办法》第三条的规定，工程价款分为工程预付款、工程进度款及工程竣工价款。对于预付款的支付比例；第十二条规定原则上预付比例不低于合同金额的10%，不高于合同金额的30%；第十三条规定进度款的支付比例不低于工程价款的60%，不高于工程价款的90%。《建设工程施工合同（示范文本）》（GF—2017—0201）通用合同条款及专用

合同条款第 12.2 条对预付款的比例等均有体现，只是具体的预付款比例及扣回比例需要发承包双方协商确定。据上所述，即便发包人根据现行法律规定支付工程预付款及进度款，在支付第一次进度款前，承包人需"合法垫资"已完工程造价的 70%～90%，在不考虑预付款在进度款中按比例扣回的情况下，承包人在施工过程中需要"合法垫资"完工造价的 10%～40%。对于目前所提倡的禁止垫资施工，也仅仅是提倡垫资的数额不宜过高，在此不做论述。

（二）属于工程欠款的垫资款，应当纳入建设工程价款优先受偿权的范围

根据《施工合同解释（一）》第二十五条及《民法典》第八百零七条的规定，承包人工程垫资款属于发包人的"工程欠款"，属于"发包人未按照合同约定支付价款"，依法应当纳入建设工程价款优先受偿权范围。该观点也符合"物化理论"，即承包人垫付的资金确实已经物化到建设工程，已转化为因建设工程而支付的工作人员报酬、材料款等实际支出的费用。《浙江高院优先权解答》第三条也对此持肯定观点。

（三）发包人对垫资有约定的，按照约定。约定的垫资款项用于建设工程项目的，属于工程欠款，亦应当纳入建设工程价款优先受偿权的范围

根据《施工合同解释（一）》第二十五条第一款的规定："当事人对垫资没有约定的，按照工程欠款处理。"从该条的反面可以推出，当事人对垫资有约定的，按照约定处理。本书认为，司法解释的规定并未排除双方当事人对垫资性质的约定，当事人对垫资性质有约定从约定。

第一种情况，约定的垫资为发包人向承包人的借款并支付利息。通说认为约定的借款若承包人用于工程项目本身建设，则根据"物化理论"，借款的性质实为垫资款，只是约定的利息按照《施工合同解释（一）》第二十五条第一款处理。若借款没有用于工程的项目建设，与工程项目本身也就无关联性，则不属于垫资款，不应纳入建设工程价款优先受偿权的范围。

第二种情况，发承包双方约定承包人垫付一定的建设资金，同时分配一

定的房屋，这种情况实际上是承包人的投资行为，也不能受建设工程优先受偿权的保护。对于该种观点，本书认为，要对"分配房屋"的性质加以界定，即对工程价款的"支付方式"进行界定，用以区分分配房屋的行为是投资行为还是变更工程价款的支付方式（以房抵债），基于投资的行为如前所述不应予以保护，但若是变更工程价款的支付方式（以房抵债），实则发承包双方还是建设工程施工合同关系，承包人垫付的用于工程项目建设的建设资金，应纳入建设工程价款优先受偿权的范围。

（四）最高人民法院对垫资款是否属于建设工程价款优先受偿权的范围态度不明

建设部、国家计委、财政部 1996 年发布的《关于严格禁止在工程建设中带资承包的通知》（已失效）禁止垫资施工。《施工合同解释（一）》规定承包人建设工程价款优先受偿权的范围依照国务院有关行政主管部门关于建设工程价款范围的规定确定。有关行政主管部门规定全部建设工程价款都可以就建设工程折价或者拍卖的价款优先受偿，而发包人应付的建设工程价款足以补偿承包人的垫资。但是实践中的情况较为复杂。即使承包人垫资施工，但如果其完成的建设工程质量不合格，也可能无权请求发包人支付建设工程价款。这种情况下，对承包人的垫资就不宜优先保护。

本书认为，工程实践中，一般情形下垫资款均属于工程价款，其与其他工程价款的区别在于支付时间和是否支付利息，不应影响认定其为建设工程价款优先受偿权的债权范围，但显然不能将垫资款与其他建设工程价款重复主张。

四、违约金、损害赔偿金不属于建设工程价款优先受偿权的范围

在发包人违约时，发包人应根据合同向承包人支付违约金、损害赔偿金，但该款项非《建筑安装工程费用项目组成》规定的工程价款的组成部分，不属于建设工程价款范围，并且违约金、损害赔偿金与普通债权并无本质区别，也没有物化到建设的实物上，对于保护建筑工人的利益也没有特别意义。建设工程价款优先受偿权不同于抵押权，不宜参照适用《民法典》第三百八十

九条规定。因此，承包人就违约金、损害赔偿金等主张建设工程价款优先受偿权的，人民法院不予支持，《施工合同解释（一）》第四十条第二款已经明确将其排除在外。

五、人材机调差属于建设工程价款优先受偿范围

首先，引起合同价款调整的原因可分为两类：第一类是因当事人原因引起的价格调整；第二类是非因当事人原因引起的价格调整。当事人原因引起的价格调整，包含：①设计变更引起的价格调整；②施工范围变化引起的价格调整。非当事人原因引起的价格调整，包含：①市场波动引起的价格调整；②法律变化引起的价格调整；③不可抗力引起的价格调整。根据《建设工程施工合同（示范文本）》（GF—2017—0201）通用合同条款第1.1.5.2条通用合同条款第10条"变更"、第11.1条"市场价格波动引起的调整"、第11.2条"法律变化引起的调整"的规定，变更、市场价格及法律变化引起的调整均应计入合同价格当中，属于建设工程价款的范围，应纳入建设工程价款优先受偿权范围。

调差部分属于承包人对建设工程实际支出的费用，根据"物化理论"，只要因工程建设而支付人员报酬、材料款等实际支出的费用，已经物化到建设工程上，均属于建设工程价款优先受偿权的范围。

八、发包人违约导致人材机调差是否属于建设工程价款优先受偿权范围

施工过程中，因发包人违约导致工期延误，工期延误期间人工费、材料费、施工机具使用费等价格上涨导致合同价格增加，对于该增加的费用应由发包人支付给承包人无异议，但该增加的部分是否应纳入建设工程价款优先受偿权的范围，实务当中存在争议。

第一种观点：发包人违约导致的人工费、材料费、施工机具使用费不属于建设工程价款优先受偿权范围。

根据《民法典》第五百七十七条（"当事人一方不履行合同义务或者履行合同义务不符合约定的，应当承担继续履行、采取补救措施或者赔偿损失

等违约责任")、第八百零三条,《最高人民法院关于建设工程价款优先受偿权问题的批复》(已失效)第三条及《施工合同解释(一)》第四十条的规定,因发包人违约造成的费用增加,属于发包人违约给承包人造成的损失,发包人违约造成的损失当然不属于建设工程价款优先受偿权的范围。

在最高人民法院(2014)民一终字第 56 号一案中,主要观点是:关于中铁公司主张对案涉工程项目享有建设工程价款优先受偿权的请求能否成立问题。《最高人民法院关于建设工程价款优先受偿权问题的批复》第三条规定:"建设工程价款包括承包人为建设工程应当支付的工作人员报酬、材料款等实际支出的费用,不包括承包人因发包人违约所造成的损失。"能够行使建设工程价款优先受偿权的权利范围不包括因发包人违约导致的损失。而从前述中铁公司在本案中被支持的诉请款项来看,包括因瑞讯公司违约给其造成的停窝工损失和材料价差损失两项,均不属于建设工程价款优先受偿权的权利行使范围,故一审法院未予支持中铁公司主张对案涉工程项目享有建设工程价款优先受偿权的请求,并无不当。

第二种观点:发包人违约导致的人工费、材料费、施工机具使用费属于建设工程价款优先受偿权范围。

建设工程价款优先受偿权所保护的范围系投入或者物化到建设工程中、对建设工程所产生的增值部分的工作人员报酬、材料款等实际支出的费用,在发包人欠付工程价款的情况下,由于承包人无法取回其"实际投入"或者物化到建设工程中的该部分价值,从而设定了一种对拍卖价款的物上代位。材料价差损失固然名为"损失",但就实质而言,不外乎是原来可以用 100 万元购买的材料,现在需要花 120 万元。这也就意味着建设工程上的材料价值 120 万元。在不考虑市场因素的情况下,材料价格上涨导致建设成本上涨,相应地导致房价上涨。因此材料价差属于材料款的组成部分,应当属于建设工程价款优先受偿权的保护范围。

本书同意第二种观点,认为发包人违约导致人工费、材料费、施工机具使用费等的调差属于建设工程价款优先受偿权的范围。

《民法典》第八百零四条没有明确将人工、材料调差款列为损失,并且因发包人违约导致人工费、材料费、施工机具使用费等的调差属于承包人实际支出的费用，应计入相应的人工费、材料费、施工机具使用费等费用项目组成中，并且该部分费用已经物化到建设工程当中。同时也可以这样理解：在发包人违约的情形下，发承包双方对继续施工达成了口头的补充协议，即按照工期延误后实际施工的人工、材料价格进行施工，并计算工程价款。也可以将调差款理解为工程价款的组成部分，特别是在现行定额已经将调差款列为工程价款的组成部分的情况下。因此，调差款应当属于建设工程价款优先受偿权范围。

七、变更、签证是否属于建设工程价款优先受偿权范围

（一）变更、签证的概念

根据《工程造价术语标准》第3.4.4条的规定，工程变更是指合同实施过程中由发包人提出或由承包人提出，经发包人批准的对合同工程的工作内容、工程数量、质量要求、施工顺序与时间、施工条件、施工工艺或其他特征及合同条件等的改变。建设工程合同以合同签订时静态的发承包范围、设计标准、施工条件为前提，由于工程建设的不确定性，所以这种静态前提往往会被各种变更所打破。在工程实施过程中，工程变更可分为设计图纸发生变更，招标工程量存在缺漏，对施工工序、顺序和时间的改变，为完成合同工程所需要追加的额外工作等。

根据《工程造价术语标准》第3.4.8条的规定，现场签证是指发包人现场代表（或其授权的监理人、工程造价咨询人）与承包人现场代表就施工过程中涉及的责任事件所做的签认证明。

现场签证专指在工程建设施工过程中，发承包双方的现场代表（或其委托人）就涉及的责任事件做出的书面签字确认凭证。有的又称为工程签证、施工签证、技术核定单等。

（二）变更、签证的范围

《建设工程施工合同（示范文本）》（GF—2017—0201）通用合同条款第10.1条"变更的范围"规定："除专用合同条款另有约定外，合同履行过程中发生以下情形的，应按照本条约定进行变更：①增加或减少合同中任何工

作，或追加额外的工作；②取消合同中任何工作，但转由他人实施的工作除外；③改变合同中任何工作的质量标准或其他特性；④改变工程的基线、标高、位置和尺寸；⑤改变工程的时间安排或实施顺序。"

根据《2013 建设工程计价计量规范辅导》9.14 "现场签证"，由于施工生产的特殊性，在施工过程中往往会出现一些与合同工程或合同约定不一致或未约定的事项，这时就需要发承包双方以书面形式记录下来，各地对此的称谓不一，如工程签证、施工签证、技术核定单等，本规范将其定义为现场签证。签证有多种情形：一是发包人的口头指令，需要承包人将其提出，由发包人转换成书面签证；二是发包人的书面通知，如涉及工程实施，需要承包人就完成此通知需要的人工、材料、机械设备等内容向发包人提出，取得发包人的签证确认；三是合同工程招标工程量清单中已有，但施工中发现与其不符，比如土方类别、出现流沙等，需承包人及时向发包人提出签证确认，以便调整合同价；四是由于发包人原因，未按合同约定提供场地材料、设备或停水、停电等造成承包人的停工需承包人及时向发包人提出签证确认，以便计算索赔费用；五是合同中约定的材料等价格由于市场发生变化，需承包人向发包人提出采购数量及其单价，以取得发包人的签证确认；六是其他由于合同条件变化需要现场签证的事项等。

（三）变更、签证属于合同价款调整的因素，增加的合同价款在同期进度款中支付

《建设工程工程量清单计价规范》第 9.1.1 条规定下列事项（但不限于）发生，发承包双方应当按照合同约定调整合同价款：①法律法规变化；②工程变更；③项目特征描述不符；④工程量清单缺项；⑤工程量偏差；⑥物价变化；⑦暂估价；⑧计日工；⑨现场签订；⑩不可抗力；⑪提前竣工（赶工补偿）；⑫误期索赔；⑬施工索赔；⑭暂列金额；⑮发承包双方约定的其他调整事项。

同时，《建设工程施工合同（示范文本）》（GF—2017—0201）通用合同条款第 10.4.2 条 "变更估价程序" 规定，因变更引起的价格调整应计入最近一期的进度款中支付。《建设工程工程量清单计价规范》第 9.10.5 条规定

现场签证工作完成后的 7 天内，承包人应按照现场签证内容计算价款，报送发包人确认后，作为增加合同价款，与进度款同期支付。

以上明确了工程变更、现场签证属于调整合同价款的因素，计入工程造价且与进度款同期支付。

（四）变更、签证的费用来源

根据《建设工程施工合同（示范文本）》（GF—2017—0201）"第一部分合同协议书"中"四、签约合同价与合同价格形式"，签约合同价包含了安全文明施工费、材料和工程设备暂估价金额、专业工程暂估价金额和暂列金额。

《工程造价术语标准》第 2.2.59 条规定暂列金额是招标人在工程量清单中暂定并包括在合同价款中的一笔款项。用于工程施工合同签订时未确定或者不可预见的材料、工程设备、服务的采购，施工中可能发生的工程变更、合同约定调整因素出现时的工程价款调整以及发生的索赔、现场签证确认等的费用。

（五）变更、签证费用应计入工程价款，但并非全部签证所产生的费用均属于建设工程价款优先受偿权范围

根据《施工合同解释（一）》第四十条的规定，违约造成的损失、违约金、损害赔偿金不属于建设工程价款优先受偿权的范围。

根据"添附理论"，进入工程实体的签证应属于建设工程价款优先受偿权的范围，但"由于发包人原因，未按合同约定提供场地材料、设备或停水、停电等造成承包人的停工需承包人及时向发包人提出签证确认，以便计算索赔费用"而引起的签证，属于因发包人原因造成的损失，根据现行司法解释不应计入建设工程价款优先受偿权的受偿范围。

八、工程质量保证金是否属于建设工程价款优先受偿权范围

（一）质量保证金的概念

《建设工程质量保证金管理办法》第二条规定："本办法所称建设工程质量保证金（以下简称保证金）是指发包人与承包人在建设工程承包合同中约

定，从应付的工程款中预留，用以保证承包人在缺陷责任期内对建设工程出现的缺陷进行维修的资金。"《工程造价术语标准》第3.4.11条规定的质量保证金是指合同约定的从承包人的工程价款中预留，用于保证在缺陷责任期内履行缺陷修复义务的资金。

（二）质量保证金的性质

从质量保证金的概念来看，质量保证金为保证的资金，属于预留的工程价款，一般是3%，属于工程价款的组成部分，但同时质量保证金又具有担保的属性。因此，对于质量保证金的性质，产生了争议。

第一种观点认为：《建设工程价款结算暂行办法》第三条规定，该办法所称建设工程价款结算，是指对建设工程的发承包合同价款进行约定和依据合同约定进行工程预付款、工程进度款、工程竣工价款结算的活动。同时《建设工程施工合同（示范文本）》（GF—2017—0201）的规定也将工程价款分为工程价款工程预付款、工程进度款、工程竣工结算价款。再根据质量保证金的概念，可知其是从工程价款中按一定的比例预留的，本质上属于工程价款的一部分，工程质量保证金属于建设工程价款范围，亦属于建设工程价款优先受偿权范围。本书认可此观点。

第二种观点认为：虽然质量保证金属于建设工程价款的组成部分，但其具有担保的性质，在发包人预留后其属性已经发生变化，故不宜再将其纳入建设工程价款优先受偿权范围。

九、质量优良金、提前完工奖励费等奖励金，赶工费是否属于建设工程价款优先受偿权范围

（一）奖励金、赶工费的概念

奖励费是指工程满足业主设置的某项特定目标或要求时，施工单位有权按约获得的超过工程价款数额外的奖励费用。奖励金有多种不同的类型，实务中常见的有工期奖励金、质量奖励金以及安全文明工地奖励金等。又如，合理化建议奖励费，是在施工合同中约定在保证工程质量和不降低设计标准的前提下承包人提出修改、优化工艺的合理化建议，经发包人和设计方认可

后实施，按照所节约的价值提取一定比例给承包人的奖励。此外，在成本加酬金合同中，有一类约定目标成本加奖惩的形式。其中目标成本由双方事先协商确定，并按商定的百分比计取目标成本的酬金，当实际成本低于目标成本时，除了支付合同约定的酬金外，将按为降低成本商定的百分比计提奖励。

《建设工程施工合同（示范文本）》（GF—2017—0201）通用合同条款第7.9.2条规定：发包人要求承包人提前竣工，或承包人提出提前竣工的建议能够给发包人带来效益的，合同当事人可以在专用合同条款中约定提前竣工的奖励。

（二）奖励金的性质

关于奖励金的性质，实务当中存在争议。

第一种观点认为：奖励金的性质为违约金性质。工期和质量奖罚约定，如合同中约定的工期提前或延长的，或工程质量达到某项奖励等级的，按照工程造价的一定比例予以奖惩，对此可以比照违约金条款处理。如《浙江高院解答》第十九条规定：如何认定建设工程施工合同关于工期和质量等奖惩办法约定的性质？建设工程施工合同关于工期和质量等奖惩办法的约定，应当视为违约金条款，当事人请求按照《合同法》第一百一十四条第二款，以及最高人民法院《关于适用〈中华人民共和国合同法〉若干问题的解释（二）》第二十七条、第二十八条、第二十九条的规定调整的，可予支持。

第二种观点认为：奖励金是否属于工程价款，应取决于承包人是否为了达到奖励金所设定的特定条件而增加施工成本。以工期奖励金为例，工期奖励金又可细分为按期完工（完成节点工期）的奖励以及提前完工的奖励。对于按期完工（节点工期）的奖励，除非有特别的证据证明承包人增加了施工成本，一般认为奖励金属于施工合同对价（约定工期与工程价款）之外的额外费用。

质量优良金、提前完工奖励费用属于建设工程价款优先受偿权的债权范围。单位工程合同段、建设项目工程质量分为优良、合格、不合格三个等级。施工合同常有约定，如工程质量评定为优良的，发包人应给予承包人特别奖励。合同也常约定，提前完工奖励赶工费。承包人获得这类费用，是以在施工活动中增加支出为前提的。工程质量要达到优良，就必须在选材用工上更加严格，也就需要支出更多费用；而达到优良等级的工程，其价值相应地也更高。要提前完工，就必须安排更多机械、使用更多人力，包括安排人员加班加点，也需要更多费用的支出；而提前完工往往意味着发包人可以对工程进行提前使用或提前出售，对于发包人而言，价值也更高。根据"增值理论"，这类费用应当属于建设工程价款优先受偿权的担保范围。

十、工程保函费、保险费是否属于建设工程价款优先受偿权的债权范围

（一）保函的种类

《建设工程施工合同（示范文本）》（GF—2017—0201）中涉及承包人出具保函的情形分别为：通用合同条款第3.7条"履约担保"（详见合同文本附件8）；通用合同条款第12.2.2条"预付款担保"（详见合同文本附件9）；通用合同条款第15.3.1条中的"质量保证金保函"。另外，《保障农民工工资支付条例》第三十二条规定："施工总承包单位应当按照有关规定存储工资保证金，专项用于支付为所承包工程提供劳动的农民工被拖欠的工资。工资保证金实行差异化存储办法，对一定时期内未发生工资拖欠的单位实行减免措施，对发生工资拖欠的单位适当提高存储比例。工资保证金可以用金融机构保函替代。工资保证金的存储比例、存储形式、减免措施等具体办法，由国务院人力资源社会保障行政部门会同有关部门制定。"所以农民工工资保证金保函也应计入在内。

（二）保险的种类

《建设工程施工合同（示范文本）》（GF—2017—0201）中涉及承包人办理保险的情形分别为：通用合同条款第18.2.2条承包人人员工伤保险费；通用合同条款第18.3条"其他保险"中承包人为其施工现场的全部人员办理的意外伤害保险；通用合同条款第18.3条"其他保险"中承包人为自有施工设备等办理的财产保险。

（三）工程保函费、保险费属于建设工程价款优先受偿权范围，但不得重复计取

根据《建筑安装工程费用项目组成》的规定，建筑安装工程费按费用构成要素组成划分为人工费、材料（包含工程设备，下同）费、施工机具使用费、企业管理费、利润、规费和税金。其中人工费、材料费、施工机具使用费、企业管理费和利润包含在分部分项工程费、措施项目费、其他项目费中。企业管理费是指建筑安装企业组织施工生产和经营管理所需的费用。内容包括第一财产保险费：是指施工管理用财产、车辆等的保险费用。第二财务费：是指企业为施工生产筹集资金或提供预付款担保、履约担保、职工工资支付担保等所发生的各种费用。第三其他：包括技术转让费、技术开发费、投标费、业务招待费、绿化费、广告费、公证费、法律顾问费、审计费、咨询费、保险费等。规费是指按国家法律、法规规定，由省级政府和省级有关权力部门规定必须缴纳或计取的费用。包括："1. 社会保险费 （1）养老保险费……（2）失业保险费：是指企业按照规定标准为职工缴纳的失业保险费。（3）医疗保险费：是指企业按照规定标准为职工缴纳的基本医疗保险费。（4）生育保险费……（5）工伤保险费……"

通过《建筑安装工程费用项目组成》来看，预付款担保、履约担保、职工工资支付担保等所发生的各种费用以及保险费等属于企业管理费、规费项下的组成部分，应计入工程造价。企业管理费、规费通常是以费率的形式计取的，在确定承包人享有建设工程价款优先受偿权的情况下，保函费、保险费属于建设工程价款优先受偿权范围。但若工程造价中已经计取企业管理费、规费，则实际发生的保函费、保险费等不应再计入工程造价或发包人的应付工程价款，否则属于重复计取。

【相关规定链接】

1.《民法典》

第五百七十七条 当事人一方不履行合同义务或者履行合同义务不符合约定的，应当承担继续履行、采取补救措施或者赔偿损失等违约责任。

第八百零三条　发包人未按照约定的时间和要求提供原材料、设备、场地、资金、技术资料的，承包人可以顺延工程日期，并有权请求赔偿停工、窝工等损失。

第八百零四条　因发包人的原因致使工程中途停建、缓建的，发包人应当采取措施弥补或者减少损失，赔偿承包人因此造成的停工、窝工、倒运、机械设备调迁、材料和构件积压等损失和实际费用。

2.《施工合同解释（一）》

第十九条　当事人对建设工程的计价标准或者计价方法有约定的，按照约定结算工程价款。

因设计变更导致建设工程的工程量或者质量标准发生变化，当事人对该部分工程价款不能协商一致的，可以参照签订建设工程施工合同时当地建设行政主管部门发布的计价方法或者计价标准结算工程价款。

建设工程施工合同有效，但建设工程经竣工验收不合格的，依照民法典第五百七十七条规定处理。

第二十五条　当事人对垫资和垫资利息有约定，承包人请求按照约定返还垫资及其利息的，人民法院应予支持，但是约定的利息计算标准高于垫资时的同类贷款利率或者同期贷款市场报价利率的部分除外。

当事人对垫资没有约定的，按照工程欠款处理。

当事人对垫资利息没有约定，承包人请求支付利息的，人民法院不予支持。

第三十五条　与发包人订立建设工程施工合同的承包人，依据民法典第八百零七条的规定请求其承建工程的价款就工程折价或者拍卖的价款优先受偿的，人民法院应予支持。

第四十条　承包人建设工程价款优先受偿的范围依照国务院有关行政主管部门关于建设工程价款范围的规定确定。

承包人就逾期支付建设工程价款的利息、违约金、损害赔偿金等主张优先受偿的，人民法院不予支持。

3.《建设工程价款结算暂行办法》

第三条　本办法所称建设工程价款结算（以下简称工程价款结算），是指对建设工程的发承包合同价款进行约定和依据合同约定进行工程预付款、工程进度款、工程竣工价款结算的活动。

4.《保障农民工工资支付条例》

第三十二条 施工总承包单位应当按照有关规定存储工资保证金，专项用于支付为所承包工程提供劳动的农民工被拖欠的工资。

工资保证金实行差异化存储办法，对一定时期内未发生工资拖欠的单位实行减免措施，对发生工资拖欠的单位适当提高存储比例。工资保证金可以用金融机构保函替代。

工资保证金的存储比例、存储形式、减免措施等具体办法，由国务院人力资源社会保障行政部门会同有关部门制定。

5.《建设工程质量保证金管理办法》

第二条第一款 本办法所称建设工程质量保证金（以下简称保证金）是指发包人与承包人在建设工程承包合同中约定，从应付的工程款中预留，用以保证承包人在缺陷责任期内对建设工程出现的缺陷进行维修的资金。

6.《浙江高院优先权解答》

三、建设工程价款优先受偿权的范围如何掌握？

建设工程价款优先受偿权的范围为建设工程的工程价款，包括承包人应当支付的工作人员报酬、材料款和用于建设工程的垫资款等。工程价款的利息不在优先受偿范围内。

发包人应当支付的情构金或者因为承包人违构所造成的损失，不属于建设工程价款优先受偿权的受偿范围。

7.《四川高院解答》

38. 如何界定优先受偿权的范围？

建设工程经验收合格，工程的直接成本、间接成本、利润和税金属于优先受偿范围。

承包人、实际施工人支付的履约保证金、工程质量保证金、发包人应当支付的违约金等不属于优先受偿范围。

承包人、实际施工人请求确认对建设工程占用范围内的土地使用权享有优先受偿权的，不予支持。

8.《浙江高院解答》

十九、如何认定建设工程施工合同关于工期和质量等奖惩办法约定的性质？

建设工程施工合同关于工期和质量等奖惩办法的约定，应当视为违约金条款。当事人请求按照《中华人民共和国合同法》第一百一十四条第二款，以及最高人民法院《关于适用〈中华人民共和国合同法〉若干问题的解释（二）》第二十七条、第二十八条、第二十九条的规定调整的，可予支持。

9.《工程造价术语标准》

2.2.59 暂列金额

招标人在工程量清单中暂定并包括在合同价款中的一笔款项。用于工程施工合同签订时未确定或者不可预见的材料、工程设备、服务的采购，施工中可能发生的工程变更、合同约定调整因素出现时的工程价款调整以及发生的索赔、现场签证确认等的费用。

3.4.4 工程变更

合同实施过程中由发包人提出或由承包人提出，经发包人批准的对合同工程的工作内容、工程数量、质量要求、施工顺序与时间、施工条件、施工工艺或其他特征及合同条件等的改变。

3.4.8 现场签证

发包人现场代表（或其授权的监理人、工程造价咨询人）与承包人现场代表就施工过程中涉及的责任事件所做的签认证明。

第五章 建设工程价款优先
受偿权的行使期限

一、建设工程价款优先受偿权行使期限起算点的认定

根据《施工合同解释（一）》第四十一条的规定，建设工程价款优先受偿权的行使期限自发包人应当给付建设工程价款之日起算。

最高人民法院于 2002 年 6 月 20 日公布的《最高人民法院关于建设工程价款优先受偿权问题的批复》（已失效）第四条规定："建设工程承包人行使优先权的期限为六个月，自建设工程竣工之日或者建设工程合同约定的竣工之日起计算。"该规定的本意为工程竣工之日或约定的竣工之日是一个确定的日期，以此作为行使建设工程价款优先受偿权的起算点，不易甚至不会产生争议，但因工程竣工后仍需进行工程价款结算，如以"竣工之日"作为建设工程价款优先受偿权行使期限的起算点，会使建设工程价款优先受偿权行使期限与结算期交叉、重叠，甚至出现发包人应当支付价款的条件尚未成就，但建设工程价款优先受偿权的行使期限已经届满的情形。若在工程尚未完全竣工之时，因发包人违约或不可抗力导致合同解除，承包人则无法行使建设工程价款优先受偿权。鉴于以上原因，《施工合同解释（一）》第四十一条对建设工程价款优先受偿权行使期限的起算点做出了新的规定：即自发包人应当给付建设工程价款之日起算。最高人民法院（2019）最高法民终 255 号①

---

① 主要观点：关于海天公司对案涉工程主张建设工程价款优先受偿权是否已超过除斥期间。家美公司关于该问题的上诉理由主要为：海天公司于 2015 年已经退场，此时开始计算建设工程价款优先受偿权行使期限，至一审起诉已经超过《最高人民法院关于建设工程价款优先受偿权问题的批

一案中以双方确定工程价款数额的日期作为应当给付工程价款之日。（2019）最高法民终 995 号[②]一案持相同观点。

二、建设工程价款优先受偿权的行使期限

《施工合同解释（一）》第四十一条规定："承包人应当在合理期限内行使建设工程价款优先受偿权，但最长不得超过十八个月自发包人应当偿付建设工程价款之日起算。"

建设工程价款优先受偿权的行使期限为除斥期间，不得中止、中断和延长。对此，《最高人民法院建设工程施工合同司法解释（二）理解与适用》一书做了详细的解释：诉讼时效期间的设置是为了促使权利人在权利受到侵害时及时请求保护，针对的权利只能是请求权。而法律对承包人建设工程价款优先受偿权的规定，则是基于权利人在行使了债权请求权后，因其不能实现自己的权利，对债务人财产直接行使变价求偿权的权利。该权利具有排除债务人及他人干涉、无需借助他人的行为、直接支配权利客体的特点，含有支配权的因素，而非请求权的性质。除斥期间为权利预设期间，以促使法律关系尽早确定为目的，不得中止、中断和延长。就法律规定层面而言，建设工程价款优先受偿权无须登记，不具有公示形式，其行使对其他权利人的影响巨大，不应当使权利人据此权利长期怠于行使而妨碍其他权利人权利的实

（接上注）

复》规定的六个月除斥期间。《施工合同解释（二）》第二十二条规定："承包人行使建设工程价款优先受偿权的期限为六个月，自发包人应当偿付建设工程价款之日起算。"本案中，2017 年 1 月 12 日为双方确定工程价款数额的日期，从该日起家美公司应当给付工程价款。因此，一审判决认定至海天公司向一审法院起诉之日并未超过承包人行使建设工程价款优先受偿权的期限，海天公司有权在尚欠的工程价款 29 298 946.56 元范围内对其施工工程行使建设工程价款优先受偿权，该认定并无不当，本院予以维持。

② 主要观点：本案中，好旺佳公司全额支付工程价款的时间尚未到达，双方并未就工程办理结算，故晓沃公司主张建设工程价款优先受偿权并未超过法定期限，应当予以支持。再根据《施工合同解释（二）》第二十一条"承包人建设工程价款优先受偿的范围依照国务院有关行政主管部门关于建设工程价款范围的规定确定。承包人就逾期支付建设工程价款的利息、违约金、损害赔偿金等主张优先受偿的，人民法院不予支持"和《最高人民法院关于建设工程价款优先受偿权问题的批复》第三条"建筑工程价款包括承包人为建设工程应当支付的工作人员报酬、材料款等实际支出的费用，不包括承包人因发包人违约所造成的损失"的规定，晓沃公司在其承建的工程折价、拍卖所得价款范围内，可以对建设工程价款 25 750 756.37 元享有建设工程价款优先受偿权。

现。因此为了促使承包人积极行使权利，也为了保护其他权利人的合法权益及时得到实现，稳定社会经济秩序，此期限作为承包人的权利行使期，应当是除斥期间而非特殊诉讼时效。

三、如何认定应付工程价款之日

（1）应付工程价款之日是指应付工程进度款、工程结算款或是质量保证金之日。工程进度款、工程结算款或是质量保证金都属于工程价款，但一般情形下，应以应付工程结算款的时间作为建设工程价款优先受偿权行使期限的起算点。主要理由是在工程尚未竣工验收的情形下，拍卖、折价受到一定的影响，拖欠工程进度款的情形下，一般工程仍在施工过程中，如果行使建设工程价款优先受偿权，可能会导致项目停工建设，对其他相关权利人利益影响巨大，一般不宜认定进度款的建设工程价款优先受偿权。但在拖欠工程进度款数额巨大、工程停工建设、双方合同解除等特殊情形下，应当认定工程进度款也可以主张建设工程价款优先受偿权。质量保证金属于工程价款的组成部分，权利人对其也应当享有建设工程价款优先受偿权，但由于质量保证金的返还时间一般在工程竣工后1~2年，能否对其行使建设工程价款优先受偿权及对应的金额长期不确定，不利于明确各方当事人之间的法律关系，因此应当对除了质量保证金之外的工程结算款，从应付工程结算款之日确定建设工程价款优先受偿权的行使期限，从应付质量保证金期限届满之日确定与质量保证金相对应的建设工程价款优先受偿权的行使期限。

（2）合同中一般约定了工程结算时间，结算后一定期限内付款，发生约定结算时间与实际结算时间不一致的情形，如何确定应付工程价款之日。建设工程价款优先受偿权不仅涉及发包人和承包人的利益，还涉及抵押权人、一般债权人等人的利益。合同约定的结算时间有一定的确定性，而实际结算时间纯粹由发包人和承包人确定，双方的行为不应当影响或损害第三人的利益，因此，应当以约定的结算时间来认定或推算应付工程价款之日，不应以实际的结算时间来认定或推算应付工程价款之日。如果以实际结算时间来认定或推算应付工程价款之日，可能会发生期限无限期延长，各方权利义务长期不确定的后果，不能促使承包人及时行使权利，也会对司法机关查明案件事实增加难度，造成社会资源的长期闲置，不利于经济发展。

以约定的结算时间来认定或推定应付工程价款之日，也可能会发生主张建设工程价款优先受偿权时，工程价款尚未确定的情形，但在未按约定期限结算的情形下，本身就是一方违约，另一方可以通过诉讼等方式主张权利，诉讼过程中也可以通过司法鉴定等方式确定工程价款。

（3）《施工合同解释（一）》就应付利息时间的法律推定对建设工程价款优先受偿权行使期限起算点的影响。《施工合同解释（一）》第二十七条规定："利息从应付工程价款之日开始计付。当事人对付款时间没有约定或者约定不明的，下列时间视为应付款时间：（一）建设工程已实际交付的，为交付之日；（二）建设工程没有交付的，为提交竣工结算文件之日；（三）建设工程未交付，工程价款也未结算的，为当事人起诉之日。"

上述规定是针对应付款时间没有约定或者约定不明的情形对应付利息时间的法律推定，可以作为认定建设工程价款优先受偿权行使期限起算点的参考。

（4）承包人未按约定时间提交竣工结算文件，并且约定结算后付款的，应按约定的应提交竣工结算文件时间和约定的结算审核时间及相应的付款时间，推算相应的应付款时间。

（5）承包人按约定时间提交竣工结算文件，发包人未按约定时间审核的，应按约定审核时间推算应付款时间。

（6）现行施工合同示范文本对结算时间和结算审核时间的约定。

《建设工程施工合同（示范文本）》（GF—2017—0201）通用合同条款第14.1条"竣工结算申请"规定："除专用合同条款另有约定外，承包人应在工程竣工验收合格后28天内向发包人和监理人提交竣工结算申请单，并提交完整的结算资料……"第14.2条"竣工结算审核"规定："（1）除专用合同条款另有约定外，监理人应在收到竣工结算申请单后14天内完成核查并报送发包人。发包人应在收到监理人提交的经审核的竣工结算申请单后14天内完成审批，并由监理人向承包人签发经发包人签认的竣工付款证书……（2）除专用合同条款另有约定外，发包人应在签发竣工付款证书后的14天内，完成对承包人的竣工付款……"

上述通用合同条款完整地约定了竣工验收、结算申请、结算审核及付款的期限，是确定、计算应付款时间的依据。

四、如何理解合理期限内行使建设工程价款优先受偿权，与最长不超过 18 个月的关系

合理期限内行使建设工程价款优先受偿权的前提条件是应付工程价款之日的到来。从应付工程价款之日的到来，到行使建设工程价款优先受偿权一般需要进行诉讼准备的合理时间，合理时间应具体情况具体分析，无法准确地界定。但以下情形可以认定为承包人没有在合理时间内行使建设工程价款优先受偿权。第一，承包人已经提起了工程价款的诉讼却没有主张建设工程价款优先受偿权，特别是由律师等专业人员参与的前提下。第二，承包人明知抵押权人已经对建设工程标的物提起了保全或执行行为，仍不在合理期限内主张建设工程价款优先受偿权。第三，承包人明知发包人已经对建设工程标的物进行了销售等行为仍不在合理期限内主张建设工程价款优先受偿权。

五、同一合同项下，分期施工、分期结算的建设工程，如何认定行使建设工程价款优先受偿权期限的起算点

（1）如承包人是分期施工、分期结算的，就每期结算的价款，应按照合同约定的付款期限确定相应的起算点；如合同没有约定或者约定不明的，结算完毕之日就是就建设工程价款优先受偿权行使期限的起算点。

（2）如承包人是分期施工，但是统一结算的，则统一结算确定的工程价款按照合同约定的付款期限确定相应的起算点；如合同没有约定或者约定不明的，统一结算完毕之日就是就建设工程价款优先受偿权行使期限的起算点。最高人民法院（2015）民一终字 86 号案①持此观点。

---

① 主要观点：关于锦浩公司是否在法定期限内主张了建设工程价款优先受偿权。针对涉案工程双方当事人虽然签订了三份合同，但是从本案的实际情况看，本案 41 幢建筑单体是作为一个整体工程来施工的。结合《施工意向书》和双方当事人签订的合同以及 2009 年 9 月双方签订的《补充协议书》的内容，从工程的立项、规划设计、组织施工、工期的变更以及工程价款的支付情况看，双方当事人对于系争工程是作为一个整体工程来履行合同义务的。一审判决亦认定，41 幢楼分别单独竣工验收，付款时未区分合同和楼幢。在此情况下，锦浩公司既无可能也无必要在建设工程施工合同履行过程中主张建设工程价款优先受偿权。鉴于涉案工程为一个整体工程，所以应以工程的最后竣工日期，作为认定锦浩公司是否丧失建设工程价款优先受偿权的起算点。涉案工程最后的竣工备案日期为 2010 年 11 月 15 日，锦浩公司于 2011 年 3 月提起诉讼，因此，锦浩公司在法定期限内主张了建设工程价款优先受偿权。

（3）承包人是每期施工，又分多个付款节点支付工程价款的，应以工程最终竣工结算后所确定的工程价款的应付款时间作为建设工程价款优先受偿权行使期限的起算点。江苏省高级人民法院（2018）苏民终1504号案①持此观点。

六、发包人和承包人协商延长应付款时间，对建设工程价款优先受偿权的影响

如双方当事人不存在恶意损害他人利益的情形，应认定延长付款时间的约定有效，建设工程价款优先受偿权的行使期限起算点以延长付款协议确定的付款时间为准，广东省高级人民法院（2018）粤民终1379号②案持相同观点。如双方恶意串通损害第三人的利益，则仍以原合同约定的应付款之日为建设工程价款优先受偿权行使期限的起算时间。

因建设工程价款优先受偿权具有优先普通债权和抵押权的权利属性，故对其权利的享有和行使必须具有明确的法律规定，对其适用亦应予以严格限制。若允许当事人肆意顺延付款期限，以延长建设工程价款优先受偿权的行使期限，普通债权人、抵押权人的权利就一直处于不确定的状态，也就规避了《施工合同解释（一）》规定的建设工程价款优先受偿权的行使期限的规定。若存在抵押权的情形，则当事人此种规避法律规定的行使期限的行为，某种程度上也属于恶意串通、损害第三人合法权益的行为，从价值判断层面来看不应得到肯定。

---

① 主要观点：根据双方所签合同约定，工程价款系分期支付，最后5%的工程价款根据合同条款内容应为质保金条款，余95%的工程价款应于安装完毕验收合格后即竣工后支付。据此，因本案涉案工程竣工日期为2013年12月8日，亦即除质保金以外的工程价款付款期限届满之日，故承包人行使建设工程价款优先受偿权的期限应为自2013年12月8日起6个月内。

② 主要观点：本案中，森信公司与龙花洞公司于2014年4月30日签订协议，双方对涉案工程进行结算，约定工程价款自协议签订之日起6个月内付清。2014年9月30日，森信公司与龙花洞公司、韩某某签订《补充协议书（一）》，约定龙花洞公司分三期支付剩余工程价款，其中第一期款项支付期限为2014年10月30日前，第三期款项支付期限为2015年4月30日前。因此，2014年10月30日是龙花洞公司应当支付工程价款的日期，森信公司行使建设工程价款优先受偿权行使期限最早应从此时开始计算，到起诉之日，即2015年3月17日，并未超过6个月法定期限。韩某某主张森信公司的建设工程价款优先受偿权的行使期限已超过法定期限，法律依据不足，本院不予支持。

在法定的建设工程价款优先受偿权行使期限内，发包人与承包人达成延期支付工程价款的协议，一般不会损害到抵押权人、一般债权人的利益。但如果在法定的建设工程价款优先受偿权行使期限届满后，发包人又与承包人达成延期支付工程价款的协议，则实质上相当于发包人为承包人的债务重新提供担保，且承包人知道该情形，损害了抵押权人等第三人的利益，第三人也可以依据《民法典》第五百三十九条的规定请求撤销。

七、建设工程合同解除或者终止后如何认定行使期限起算点

（1）合同解除后双方既未约定付款期限，也未达成新的结算付款协议的，建设工程价款优先受偿权的行使期限自双方协议解除之日或者承包人解除通知到达发包人之日起算。双方既未约定付款期限，也未达成新的结算付款协议的，无法确定《施工合同解释（一）》第四十一条规定的应付款之日。而当合同解除时，原合同约定的应付工程款之日不再对双方具有约束力。建设工程项目已移交给发包人，双方有义务对合同解除后的付款时间做出安排。如果双方不能达成一致意见，承包人有权以诉讼或其他方式主张权利，要求发包人支付拖欠的工程价款，发包人未在合同解除时支付工程价款，属于《民法典》第八百零七条规定的发包人逾期不支付的情形，建设工程价款优先受偿权即刻提存即成就。因此，应以双方协议解除之日或者承包人的解除通知到达发包人之日起算建设工程价款优先受偿权行使期限。

（2）双方《建设工程施工合同》约定有付款期限，且付款节点能够实现的，即使合同解除之日在后，也应以约定的付款节点时间作为建设工程价款优先受偿权行使期限的起算点。双方《建设工程施工合同》约定有付款期限，且付款节点能够实现的，可以确定《施工合同解释（一）》第四十一条规定的应付款之日，因此，即使双方另行协商一致解除或者一方单方地解除，也应以约定的付款节点日期作为建设工程价款优先受偿权的起算点。

（3）双方在合同解除后合理时间内自行完成结算的，建设工程价款优先受偿权行使期限自结算完成或者双方约定发包人应付款之日起算。前述第一种情形中以合同解除之日作为应付款之日，属于无法确定应付款之日情形下，推定应付款之日。而双方在合同解除后又自行完成结算的，属于事实上应付

款之日，因此，该情形下应以结算完成或者双方约定发包人应付款之日起算建设工程价款优先受偿权行使期限。

八、建设工程停工后如何认定行使期限起算点

（1）建设工程停工后，施工合同约定了具体应付款时间的，承包人行使建设工程价款优先受偿权的起算点为合同约定的具体应付款之日。根据《施工合同解释（一）》第四十一条的规定，建设工程价款优先受偿权行使期限自发包人应当给付建设工程价款之日起算。因此，若建设工程停工后，施工合同明确约定了发包人应支付承包人的工程价款的具体时间的，则承包人行使建设工程价款优先受偿权的起算点从合同约定的具体应付款时间来确定。

（2）建设工程停工后，施工合同虽约定了应付款之日，但合同约定的应付款之日无法实现，则承包人行使建设工程价款优先受偿权的起算点为其首次主张权利之日。根据《民法典》第八百零七条的规定，承包人可以催告发包人在合理期限内支付工程价款，发包人逾期不支付的，除根据建设工程的性质不宜折价、拍卖外，承包人可以请求人民法院将该工程依法拍卖，建设工程的价款就该工程折价或者拍卖的价款优先受偿。若建设工程停工后，合同约定的应付款之日不明确或者约定的应付款之日无法实现，那么在合理期限内发包人不予支付工程价款的，自承包人首次主张工程价款之日起开始计算建设工程优先受偿权的行使期限。

（3）建设工程停工后，施工合同未约定停工后应付款之日的，承包人行使建设工程价款优先受偿权时的起算点以建设工程停工之日为准。建设工程停工后，虽然双方的合同没有解除，但双方原合同约定的付款时间，不能按原来预定的时间实现，双方之间的合同权利义务发生了重大变化，双方应当对工程停工后的应付款时间重新做出约定；双方没有约定的，发包人已实际享有了已完工工程的利益，承包人有权利主张工程价款，也应当从工程停工之日起计算建设工程价款优先受偿权的行使期限。

（4）一方违约行为导致建设工程停工的，不影响承包人行使建设工程价款优先受偿权。由《施工合同解释（一）》第四十一条、《民法典》第八百

零七条的规定可知，无论是因发包人还是承包人的原因，致使建设工程停工的，承包人均有权利主张自己的建设工程价款优先受偿权。建设工程价款优先受偿权的存在本身就是为了维护承包人的合法权益，故建设工程价款优先受偿权与发包人或者承包人是否违约无关。因此，工程停工的责任在谁并不影响承包人停工后行使建设工程价款优先受偿权。

九、建设工程价款优先受偿权的行使期限与诉讼时效的关系

（一）建设工程价款优先受偿权的行使期限为除斥期间

除斥期间是指法律规定的某种民事实体权利存在的期间。权利人在此期间内不行使相应的民事权利，则在该法定期间届满时该民事权利消灭，且该除斥期间不发生法律上中止、中断的效力。

诉讼时效是指民事权利受到侵害的权利人在法定的时效期间内不行使权利，当时效期间届满时，债务人获得诉讼时效抗辩权。在法律规定的诉讼时效期间内，权利人提出请求的，人民法院就强制义务人履行所承担的义务。

根据《施工合同解释（一）》第四十一条的规定，建设工程承包人行使建设工程价款优先受偿权的期限最长为18个月，且为不变期间，不存在中断、中止、延长的情形。因此，建设工程价款优先受偿权的行使期限为除斥期间。

（二）承包人在法定期限内主张建设工程价款优先受偿权后与诉讼时效如何衔接的问题

承包人自建设工程价款优先受偿权起算之日起18个月内函告发包人主张优先权，即可以认定承包人已经在除斥期间内行使了建设工程价款优先受偿权，承包人催告以后，只要在工程价款债权诉讼时效期限内主张建设工程价款优先受偿权即可。

《杭州中院解答》第八项第五个问题的回复是："虽然上述批复规定了该优先受偿权的行使期限为六个月，但从《合同法》第286条的条文本意分析，该六个月的期限，仅是规定应由承包人向发包人催告支付工程价款，至于是否选择折价、拍卖等形式受偿的，并不在该期限内。但应当明确，从承

包人催告时起，就意味着其知道自身可以行使优先受偿权了，所以也应当从这一时间点计算该项权利的诉讼时效，即为两年，若两年内还不起诉的，则应丧失该优先受偿的胜诉权。"也就是说，该六个月的限制，是法律以除斥期间的方式督促承包人及时向发包人主张自己的权利，随后启动诉讼时效的计算期间。"法律不保护权利上的睡眠者"，建设工程价款优先受偿权对于承包人而言，虽是一种权利，但也不可能永远存在。而对于该权利能否实现或者采用什么方式实现，则并不属于该六个月的期间内必须完成的事务。

【相关规定链接】

1.《民法典》

第五百三十九条 债务人以明显不合理的低价转让财产、以明显不合理的高价受让他人财产或者为他人的债务提供担保，影响债权人的债权实现，债务人的相对人知道或者应当知道该情形的，债权人可以请求人民法院撤销债务人的行为。

第八百零七条 发包人未按照约定支付价款的，承包人可以催告发包人在合理期限内支付价款。发包人逾期不支付的，除根据建设工程的性质不宜折价、拍卖外，承包人可以与发包人协议将该工程折价，也可以请求人民法院将该工程依法拍卖。建设工程的价款就该工程折价或者拍卖的价款优先受偿。

2.《施工合同解释（一）》

第二十七条 利息从应付工程价款之日开始计付。当事人对付款时间没有约定或者约定不明的，下列时间视为应付款时间：

（一）建设工程已实际交付的，为交付之日；

（二）建设工程没有交付的，为提交竣工结算文件之日；

（三）建设工程未交付，工程价款也未结算的，为当事人起诉之日。

第四十一条 承包人应当在合理期限内行使建设工程价款优先受偿权，但最长不得超过十八个月，自发包人应当给付建设工程价款之日起算。

第六章　建设工程价款优先
受偿权的行使条件

　　建设工程价款优先受偿权是指承包人对于建设工程的价款就该工程折价或者拍卖的价款享有优先受偿的权利。建设工程价款优先受偿权是一种法律规定的特别受偿权，优先于一般债权，其立法目的是保证建设工程中承包人的工程价款能够更好地得到清偿，以保证承包人已经付出的劳动及成本能够得到必要的回报。故建设工程价款优先受偿权的行使与施工合同的效力、工程价款的数额确定、工程质量是否合格及建设工程的完成情况等因素密切相关，这些因素也成为影响建设工程价款优先受偿权行使的重要条件。

一、建设工程施工合同无效不影响建设工程价款优先受偿权的行使

　　从立法目的来看，建设工程价款优先受偿权是为了保障工程承包人已经付出并物化为建设工程本身价值的劳动及其他建材成本能够得到有效回报，从而推进建筑业健康规范发展。

　　建设工程价款优先受偿权具有优先权的众多特征：一是由法律直接规定，无须当事人约定，其产生与法律效力具有法定性；二是以特定财产担保债权实现；三是具备从属不可分性、物上代位性及优先受偿性等特征。也正是因其拥有这些特征，所以多数学者才认为其具有法定优先的性质。关于建设工程价款优先受偿权的行使是否会受到建设工程合同效力影响的问题，有两种不同的观点。

（一）建设工程价款优先受偿权会受到建设工程施工合同效力的影响

　　此观点的主要理由是，建设工程价款优先受偿权属于担保物权，《民法

典》第三百八十八条规定："担保合同是主债权债务合同的从合同。主债权债务合同无效的，担保合同无效，但是法律另有规定的除外。"建设工程施工合同无效，其中涉及建设工程价款优先受偿权的条款也无效。建设工程价款优先受偿权相对于建设工程价款具有从属性，建设工程施工合同主合同无效，导致债权人对债务人享有的债权性质发生实质上的变化，即由原来的双方约定之债，转变为合同无效后为债权人依法要求债务人对其付出的劳动及投入进行折价补偿的权利。建设工程施工合同无效后，承包人依约定享有的建设工程价款债权亦不存在，对约定债权担保的建设工程价款优先受偿权益不应当继续存在。

（二）建设工程价款优先受偿权不受建设工程施工合同效力的影响

1. 从立法目的出发，建设工程价款优先受偿权不受建设工程施工合同效力的影响

建设工程施工合同是否有效，不应影响建设工程价款优先受偿权的行使。建设工程价款优先受偿权的立法目的是保护施工者及劳动者在施工建设工程时的合法利益。因为在发包人拖欠承包人的工程价款中，有相当一部分是承包人应当支付给工人的工资和其他劳务费用。《施工合同解释（一）》第四十条第一款规定："承包人建设工程价款优先受偿的范围依照国务院有关行政主管部门关于建设工程价款范围的规定确定。"《最高人民法院关于建设工程价款优先受偿权问题的批复》（已失效）第三条规定："建筑工程价款包括承包人为建设工程应当支付的工作人员的报酬、材料款等实际支出的费用。"在无效建设工程施工合同中，上述有关费用也已实际发生，而且该部分费用已经物化到建设工程之中，并且建设工程质量合格，在此情况下，就应当由发包人向承包人及劳务提供者给予支付。因此，从立法目的来看，建设工程价款优先受偿权的行使，与合同的效力无关。

2. 相关指导意见

最高人民法院王毓莹、陈亚法官在公众号"法盏"中对《施工合同司法解释（二）》逐条解读提出，法条规定了无论合同有效还是无效，只要建设工程质量确认合格，即使合同无效，不影响建设工程价款优先受偿权，即两位法官对合同效力不影响承包人建设工程价款优先受偿权的观点是非常明确的。

　　换个角度来看，建设工程合同的效力是否影响建设工程价款优先受偿权行使的问题，其实质是在合同无效的情况下，承包人或实际施工人及其他相关主体是否对于建设工程价款还享有优先权。最高人民法院审判委员会的讨论意见亦认为，如果认定建设工程施工合同无效并要求承包人不得享有建设工程价款优先受偿权，则工程价款债权很难实现，建筑施工企业承包人员的工资将难以得到保护。从《民法典》规定的建设工程价款优先受偿权的立法目的考虑，应尽可能保护承包人的建设工程价款优先受偿权。基于此，在建设工程施工合同无效的场合，仍然要保护承包人的建设工程价款优先受偿权。

　　同时，建设工程价款优先受偿权依法律规定直接成立，以特定不动产（即建设工程）为标的物，不以对标的物的占有为要件，无须经过登记，作用在于保证建设工程价款债权的实现。根据上述特性，当发包人未按约向承包人支付工程价款时，承包人就可以行使建设工程价款优先受偿权，而从建设工程的变价款中优先受偿。既然建设工程价款优先受偿权是法律特别赋予承包人的权利，就应尽可能地保护这种权利。

　　其他各地法院的审判案例也都印证了优先权与合同效力无关的基本观点。《浙江高院解答》认为："二十二、建设工程施工合同无效情形下，谁有权行使优先受偿权？建设工程施工合同无效，但工程经竣工验收合格，承包人可以主张工程价款优先受偿权。分包人或实际施工人完成了合同约定的施工又各自工程质量合格，在总承包人或转包人怠于行使工程价款优先受偿权时，就其承建的工程在发包人欠付工程价款范围内即可主张工程价款优先受偿权。"《江苏高院解答》认为："15. 建设工程施工合同无效，承包人是否享有建设工程价款优先受偿权？建设工程价款优先受偿权不受建设工程施工合同效力的影响。建设工程施工合同无效，承包人仍然享有建设工程价款优先受偿权。""16. 实际施工人是否享有建设工程价款优先受偿权？实际施工人在总承包人或者转包人不主张或者怠于行使工程价款优先受偿权时，就其承建的工程在发包人欠付工程价款范围内可以主张优先受偿权。"又如，《河北高院审理指南》规定："33. 建设工程施工合同无效、但建设工程质量合格，承包人主张建设工程价款就该工程折价或拍卖的价款优先受偿的，人民法院应予以支持；分包人或实际施工人在总包人或非法转包人怠于主张工程价款时，主张建设工程价款就该工程折价或拍卖的价款优先受偿的，人民法院应予支持。"可见，人民法院对此问题的基本观点是无论合同有效还是无效，只要工程质量合格，承包人就能享有建设工程价款优先受偿权。

综上所述，可以看出，不论是从立法目的来看，还是从法律规定来看，以及从法院审理建设工程实际履行的情况及处理建设工程违法挂靠等的司法实践来看，均认可建设工程价款优先受偿权的行使与建设工程合同的效力无关。也就是说，建设工程合同是否有效不影响承包人享有建设工程价款优先受偿权，只要建设工程满足符合工程质量法定条件，即使合同无效或解除，承包人仍然享有建设工程价款优先受偿权。

二、建设工程价款优先受偿权的行使以建设工程质量合格为前提

质量是建设工程的生命，承包人行使建设工程价款优先受偿权的前提是所施工建设的工程必须质量合格，通过竣工验收。

对已经竣工验收，质量合格的建设工程，毫无疑问，承包人享有建设工程价款优先受偿权。但对于存在质量瑕疵的建设工程，在认定承包人能否享有建设工程价款优先受偿权时，仍然把工程的质量作为首要条件。《民法典》第七百九十三条规定："建设工程施工合同无效，但是建设工程经验收合格的，可以参照合同关于工程价款的约定折价补偿承包人。建设工程施工合同无效，且建设工程经验收不合格的，按照以下情形处理：（一）修复后的建设工程经验收合格的，发包人可以请求承包人承担修复费用；（二）修复后的建设工程经验收不合格的，承包人无权请求参照合同关于工程价款的约定折价补偿。发包人对因建设工程不合格造成的损失有过错的，应当承担相应的责任。"可见对于存在质量问题的工程，相关法律规定并未一概否定承包人的工程款债权，在承包人可采取补救措施，经补救符合工程质量要求的，该建设工程可成为建设工程价款优先受偿权的行使对象。但对补救后仍不能达到质量要求的工程，不能纳入优先权客体范畴。实际上，这一规定仍然体现了建设工程价款优先受偿权的行使必须以工程质量合格为前提的基本立法价值取向。因此，行使建设工程价款优先受偿权的前提条件是承包人承建的建设工程质量合格，也即，建设工程价款优先受偿权必须以承包人提供符合

质量标准和要求的建设工程为前提条件。

这一观点，体现在以下几个方面。

（1）从立法背景来看，行使建设工程价款优先受偿权所获取的利益仍然是工程价款，而不是其他款项，而工程价款结算的前提条件是工程质量必须合格。关于支付工程价款与工程质量的关系，《民法典》第七百九十三条的规定非常明确：合同无效，修复后的建设工程经竣工验收不合格，承包人请求支付工程价款的，不予支持。从立法目的来看，建设工程施工合同属于特殊形式的承揽合同，法律规定承包人的主要合同义务就是按照合同约定向发包人交付质量合格的建设工程，如果承包人交付的建设工程质量不合格，发包人订立合同的目的就无法实现。发包人不仅可以拒绝受领该工程，而且也可以不支付工程价款。这是民事法律调整加工承揽关系的原则。同时，工程质量涉及社会公众生命财产安全，故《民法典》相关条款的立法宗旨也正是基于此。

不仅如此，《民法典》第七百九十三条第一款规定："建设工程施工合同无效，但是建设工程经验收合格的，可以参照合同关于工程价款的约定折价补偿承包人。"该处理方式体现了建设工程的质量标准高于合同效力的原则，确立了建设工程质量合格是支付工程价款必须具备的条件。因为建筑立法旨在维护建筑市场秩序和保证建设工程质量，合同无效但完成的建设工程合格符合建筑立法目的，所以承包人付出的人力物力应当得到回报。同时，如果发包人不偿即接收合格工程不支付价款，也违反公平原则，故承包人要求支付工程价款的，应当支持。根据以上规定，可以得出以下结论性的认识：无论合同是否有效，工程质量合格的，发包人应当支付工程价款；经修复仍然验收不合格的，发包人可以不支付工程价款。

据此，本书认为，既然建设工程价款的支付必须以质量合格为基本前提，而建设工程价款优先受偿权所获取的利益仍然是工程价款，那么其前提条件也必须是建设工程质量合格。

（2）司法解释明确规定了建设工程价款优先受偿权的行使必须以工程质量合格为前提。《施工合同解释（一）》第三十八条规定："建设工程质量合格，承包人请求其承建工程的价款就工程折价或者拍卖的价款优先受偿的，人民法院应予支持。"根据该条规定，承包人请求就工程价款折价或拍卖价款享有建设工程价款优先受偿权的基本前提就是"建设工程质量合格"。该条的立法主旨，是在建设工程质量合格的情况下，更加注重保护农民工等建筑工人的利益，即使建设工程合同无效，承包人也依然享有优先受偿的权利。同时，《施工合同解释（一）》第三十九条规定："未竣工的建设工程质量合格，承包人请求其承建工程的价款就其承建工程部分折价或者拍卖的价款优先受偿的，人民法院应予支持。"即使工程尚未竣工的，只要承包人能够举证证明已建工程质量合格的，承包人就享有要求发包人支付工程价款的权利，且基于承包人该权利之性质，有权主张建设工程价款优先受偿权。而依据《施工合同解释（一）》第三十八条、第三十九条，已经竣工但有质量瑕疵的建设工程，经承包人采取补救措施达到质量要求的，承包人方可行使建设工程价款优先受偿权。由该规定也可以看出，不管在任何情况下，建设工程价款要求优先权，都必须以工程质量合格为前提。

（3）从原来的建设工程价款优先受偿权的时效规定来看，也可以从侧面看出建设工程价款优先受偿权的行使必须以质量合格为前提。《最高人民法院关于建设工程价款优先受偿权问题的批复》（已失效）第四条规定："建设工程承包人行使优先权的期限为六个月，自建设工程竣工之日或者建设工程合同约定的竣工之日起计算。"该批复确定了建设工程价款优先受偿权行使的期限及起算时间（竣工之日、合同约定的竣工之日）。虽然该条规定的主要立法目的是促使承包人尽快行使其建设工程价款优先受偿权，维护交易安全，保护银行和其他第三人的合法权益，但从其规定的条件也可以看出，竣工之日就意味着施工建设的工程质量符合要求。法律之所以规定六个月的起算点为竣工之日或约定的竣工之日，主要是考虑建设工程价款优先受偿权必须自竣工验收合格，或规定的竣工验收之日起开始计算。如果一方怠于行使建设工程价款优先受偿权，超过六个月就完全有可能超过诉讼时效而失去优先获得工程价款的权利。该条规定的另一层含义也包含着督促承包人提供合格建设工程，并尽快通过竣工验收方式来确认工程质量合格的法律含义。

（4）建设工程价款优先受偿权行使必须以工程质量合格为条件，这一观点也体现在人民法院的裁判案例之中。根据周口市新燎原置业有限公司、河南黄淮学院建设工程有限责任公司建设工程合同纠纷二审民事判决书［河南省高级人民法院（2018）豫民终729号］可以看出，河南省高级人民法院认为：关于建设工程价款优先受偿权问题。第一，《施工合同解释（二）》第十九条规定："建设工程质量合格，承包人请求其承建工程的价款就工程折价或者拍卖的价款优先受偿的，人民法院应予支持。"根据该条规定，建设工程价款优先受偿权的享有是以建设工程质量合格为条件，而不是以合同有效为条件。本案所涉建设工程已经竣工验收合格，故一审判决对黄淮学院建设公司主张建设工程价款优先受偿权的诉讼请求予以支持符合法律规定。新燎原公司以双方签订的《建设工程施工合同》无效为由主张黄淮学院建设公司不享有建设工程价款优先受偿权于法无据，不能成立。第二，《施工合同解释（二）》第二十二条规定："承包人行使建设工程价款优先受偿权的期限为六个月，自发包人应当给付建设工程价款之日起算。"2016年10月9日，涉案工程经竣工验收合格，此时，黄淮学院建设公司作为承包人已经完成了合同约定的建设义务，新燎原公司作为发包人应当对等履行支付工程价款的义务。故一审判决将涉案工程竣工验收合格之日（2016年10月9日）作为黄淮学院建设公司行使建设工程价款优先受偿权的起算时间具有事实和法律依据。2016年1月，黄淮学院建设公司与新燎原公司虽然进行了涉案工程的成品移交，但此时双方并未进行竣工验收及工程价款的决算。新燎原公司在一审庭审时也称2016年1月"仅仅是物品移交，但是并未达到交工使用的条件"。故新燎原公司要求从2016年1月开始起算建设工程价款优先受偿权的期限不符合法律规定；其以此为由主张黄淮学院建设公司已超过行使建设工程价款优先受偿权法定期限的上诉理由不能成立。本案虽然主要是优先权时效之争，实际上其纠纷的背后仍然牵涉到质量认定问题，并且河南省高级人民法院坚持了优先权行使必须以质量合格为前提的裁决价值观。

因此，工程质量合格是承包人行使建设工程价款优先受偿权的基础，工程是否竣工或完工不影响建设工程价款优先受偿权成立与否。从《施工合同解释（一）》第三十八条、第三十九条的条款原文来看，竣工的工程和未竣工的工程只要建设工程质量合格，承包人行使建设工程价款优先受偿权的，法院应予以支持，优先权的行使与工程的完成情况和进度无关。实务当中，绝大多数"烂尾楼"工程均存在拖欠工程价款的情形，赋予此类工程的承包人建设工程价款优先受偿权也符合《民法典》第八百零七条的立法目的，已经竣工但有质量瑕疵的建设工程，能否作为建设工程价款优先受偿权的客体，应视发包人验收的具体情形，认定承包人能否行使建设工程价款优先受偿权。已经竣工但有质量瑕疵的建设工程能否作为建设工程价款优先受偿权的客体，包括以下两种情形。一是发包人验收并认定工程质量不合格的，承包人无权请求支付工程价款，故不能主张建设工程价款优先受偿权。经承包人采取补救措施达到质量要求的，承包人方可行使建设工程价款优先受偿权。二是因发包人不及时组织验收或故意拖延验收导致工程未验收的，不影响承包人行使建设工程价款优先受偿权。另外，对尚未竣工的工程，往往不进行质量验收，此时，工程质量合格与否，不影响承包人行使建设工程价款优先受偿权。即使工程尚未竣工，只要承包人能够举证证明已建工程质量合格的，承包人就享有要求发包人支付工程价款的权利，且基于承包人此项权利之性质，有权主张建设工程价款优先受偿权。当然，如果承包人无法证明已建工程质量合格的，应当承担举证不能的法律后果。

三、建设工程价款优先受偿权的行使不以工程价款数额确定为前提

建设工程价款优先受偿权属于法定优先权，其效力范围不同于抵押权等担保物权，应依法律规定确定，而非由当事人约定。因此，了解建设工程价款优先受偿权与工程价款数额确定是否有关，必须先从了解建设工程价款优先受偿权的范围入手。

关于建设工程价款优先受偿权的范围，《民法典》《施工合同解释（一）》等有比较明确的规定。可以看出，建设工程价款优先受偿的范围仅限于工程价款，包括（按费用构成要素组成划分）人工费、材料费、施工机具使用费、企业管理费、利润、规费和税金等。逾期支付工程价款的利息、违约金、停窝工损失等，则不属于优先受偿的范围。

在建设工程价款优先受偿权范围确定之后，我们讨论有关工程价款数额确定与否对建设工程价款优先受偿权行使的影响。

我们知道，建设工程价款优先受偿权行使的前提是发包人欠付工程价款，所以即使工程未竣工，只要发包人有欠付工程价款的事实，承包人就有权依照法定程序主张建设工程价款优先受偿权。而在实践中，建设工程各方因工程价款发生纠纷，往往是由于双方对工程数额的多少存在争议。故一方要求行使建设工程价款优先受偿权时，往往双方对建设工程价款项的数额有争议，优先权行使的起因是工程价款本身的数额无法准确确定。从这个意义上来说，建设工程价款优先受偿权的行使不可能以工程价款数额的绝对确定为条件。不可能是在已经准确地确认了工程价款数额后进行的。

按照《民法典》第八百零七条的规定，承包人行使建设工程价款优先受偿权的方式有两种：一是由承包人和发包人自行协商将建设工程折价抵偿承包人的工程价款；二是承包人申请法院依法拍卖，以拍卖所得的价款优先清偿承包人的工程价款。

一般认为，承包人以折价方式行使建设工程价款优先受偿权时，以双方对工程价款总额无异议为前提。如果双方对一方所欠工程价款本身有异议，就很难对工程价款进行折价。所以，从这个意义上来说，建设工程价款优先受偿权最终又必须以确定工程数额为条件。也就是说，工程价款已确定且存在开发商逾期付款的事实是实质条件。工程价款数额确定是建设工程价款优先受偿权行使的保证。

司法实践中，承包人一般会在主张工程欠款的同时，主张工程价款优先受偿权，或者先行起诉确认工程欠款的数额，再起诉主张建设工程价款优先受偿权。

四、未完工程或未经竣工验收的工程承包人是否可以主张建设工程价款优先受偿权

《施工合同解释（一）》第三十九条规定："未竣工的建设工程质量合格，承包人请求其承建工程的价款就其承建工程部分折价或者拍卖的价款优先受偿的，人民法院应予支持。"显然未完工程或未经竣工验收的工程承包人可

以主张建设工程价款优先受偿权。其理论基础是《民法典》第八百零七条，该条赋予承包人的建设工程价款优先受偿权并未以工程完工并经竣工验收为前提条件，仅以发包人欠付工程价款为前提。因此，只要发包人有欠付工程价款的事实，承包人即可依法主张建设工程价款优先受偿权。但是，如果有证据证明承包人系因其自身过错导致工程未竣工验收或工程质量不合格的，因承包人无权要求发包人支付工程价款，故承包人当然不能行使建设工程价款优先受偿权。

山东省高级人民法院的案例能够印证以上观点。浙江衢州建工集团有限公司与东营恒品置业有限公司建设工程施工合同纠纷二审民事判决书〔山东省高级人民法院（2014）鲁民一终字第288号〕明确表明了这一观点。该判决书认为，依照《合同法》第二百八十六条的规定，承包人行使建设工程价款优先受偿权时，工程价款债权的数额应当是明确的，否则无法确定建设工程价款优先受偿权的范围。承包人行使建设工程价款优先受偿权的期限以建设工程价款结算完毕并进而确定建设工程价款数额的时间为起算点。衢州公司提起本案诉讼时，请求恒品公司支付工程价款数额的依据系其自身做出的工程结算报告。在一审审理期间，因恒品公司对衢州公司请求支付的工程价款数额提出异议，且由于工程价款结算数额的确定具有较强的专业性和技术性，亦与发包人和承包人的经济利益休戚相关，所以经原审法院委托中明公司进行工程造价司法鉴定，涉案工程造价的数额才最终得以确定。虽然涉案工程的竣工验收时间为2009年4月3日，衢州公司提起本案诉讼的时间为2010年11月9日，但基于建设工程领域的现实情况和建筑行业的交易习惯，工程造价数额是由人民法院委托相关工程造价机构通过司法鉴定确定的，因此，衢州公司享有建设工程价款优先受偿权。原审法院判决衢州公司已丧失建设工程价款优先受偿权欠妥当，二审予以纠正，最终对一审判决予以改判。该案例中，一方提交了单方结算报告，而对方对此恰恰不予认可，后又委托人民法院对工程价款数额进行了评估鉴定，这充分体现了优先权行使中工程价款数额不能绝对确定又必须进行确定的两面性。

五、工程价款债权转让，不影响受让人行使建设工程价款优先受偿权

本书认为，承包人将工程价款债权转让给第三人，并不影响建设工程价款优先受偿权。建设工程承包人转让工程价款债权有效的，债权受让人应当享有该工程价款的建设工程价款优先受偿权。这是因为，建设工程价款优先受偿权属于法定优先权，是基于建造建设工程而产生的权利，系工程价款本身具有的权利，是法律赋予权利人的一种对物权，其功能是担保工程价款优先支付，该权利依附于所担保的工程而存在。《民法典》第八百零七条赋予承包人建设工程价款优先受偿权的立法目的在于解决工程价款拖欠问题，保障建设工人的基本生存权益，只要能够实现该立法目的的工程价款债权转让行为，法律均应确认其效力。同时，建筑施工中形成的债权转让并不违反法律、法规的强制性或者禁止性规定，合同依法可以转让，亦应认定工程价款债权转让有效。既然建设工程承包人可以转让其在施工中形成的工程价款债权，受让人基于债权的转让而取得工程价款债权，那么根据建设工程价款优先受偿的性质，债权受让人应当享有该工程价款的建设工程价款优先受偿权。

如果承包人未完成工程并将工程或工程价款的债权等转让给实际施工人，就牵涉到工程受让人或债权受让人是否享有优先权的问题。本书认为，优先权的设置目的主要是解决拖欠农民工工资及担保价款工程的现象。按照通常的理解，当一个债权转让后，转让人理应从受让人处获得与转让的债权数额相符的对价（转让款），这个对价应当是才能解决承包人面临的窘境，否则承包人绝不愿意转让。承包人的问题通过转让得以解决。受让人作为新的债权人，其接手债权的目的无非是获得更多的经营利益，而其接手的债权能否享有优先权，与其权益息息相关。本书认为，不管建设工程或因建设工程产生的债权是如何转让的，均不应影响受让人享有优先权，这是由建设工程价款优先受偿权作为一种特殊的法定制度的性质本身决定的，否则，就背离了这一制度的立法初衷。

六、对续建未完工程如何行使建设工程价款优先受偿权

建设工程价款优先受偿权作为一种法定优先权，其目的是保证承包人确

实能够得到工程价款，使其在工程建设中付出的劳动及其他投资的价值能够得到回报，故不管工程是否完工、合同是否有效、工程是否停工以及是否续建等，都不影响优先权的行使。

相关法律及司法解释明确规定了建设工程完工后优先权的行使条件，而对于在建工程及续建未完工程的优先权没有明确规定。续建未完工程作为一种特殊情况，是可以享有建设工程价款优先受偿权的，但查阅法律规定及审判案例可以发现，建设工程价款优先受偿权行使的条件和程序的相对比较复杂。本书认为，对续建未完工程行使建设工程价款优先受偿权，应当符合以下条件和程序。

（一）从主体来看，续建未完工程时其承包人、续建的第三人等主体均享有优先权

本书认为，法律规定建设工程承包人等享有工程价款的优先权，其目的是保证实际施工一方能够获得为建设工程付出的劳动及其他投入的回报。如果一方将未完工程转让给第三方继续施工建设，并完成该工程，只要工程符合国家相关规定，尤其是质量合格，就应当允许续建方享有优先权，而只有这样才能符合优先权的立法目的。

（二）从行使期限来看，续建未完工程要求优先权的时效仍然是18个月，但其时效的起算时间十分复杂

续建未完工程的建设工程价款优先受偿权的行使期限仍然为18个月，续建未完工程的优先权起始点计算非常复杂，通过梳理法律、司法解释、通知、批复等法律文件以及若干案例，可以将其归纳为以下几种情况。

1. 合同解除或终止之日

在辽宁省高级人民法院（2016）辽民再74号一案中，法院认为，根据《2011民事审判纪要》第二十六条"建设工程合同未约定竣工日期，或者由于发包人的原因，合同解除或终止履行时已经超过合同约定的竣工日期的，承包人行使建设工程价款优先受偿权的期限自合同解除或终止履行之日起计算"规定的精神，因新城公司自2013年7月25日起已经可以行使案涉宿舍

楼、厂房等工程价款的建设工程价款优先受偿权，应将此作为该部分工程价款建设工程价款优先受偿权行使期限的起算点，二审判决关于新城公司对该部分工程价款的优先权益丧失的认定并无不妥，新城公司未在结算后 6 个月内行使建设工程价款优先受偿权，超过法定期限。

合同解除应当有明确的意思表示，双方当事人仅对部分工程结算，未明确约定解除合同的，不应当以部分工程结算日作为合同解除日进而作为优先权起算时点，而应当以合同解除日作为计算优先权时效的起点。

2. 合同约定的应当给付工程价款之日

"应给付工程价款之日"又可细分为合同约定的支付时间（含补充合同）、工程实际交付时间、提交竣工结算文件的时间以及起诉之日等多种情况。

3. 对续建未完工程重新约定的应付款之日

建设工程中途停止施工的，应当以工程价款结算及支付事宜达成合意的时间作为建设工程价款优先受偿权的起算时间。最高人民法院在（2015）民申字第 1815 号一案中，参照了《2011 民事审判纪要》第二十六条计算建设工程价款优先受偿权的起算点。同样，安徽省高级人民法院在（2014）皖民四终字第 00200 号一案中也参照了《2011 民事审判纪要》的精神，撤销了原审判决中以"建设工程未经竣工验收，发包人擅自使用，以转移占有建设工程之日为竣工日期"计算建设工程价款优先受偿权行使期限的判项，并指出自双方合同解除之日起计算建设工程价款优先受偿权的行使期限符合立法精神。

4. 承诺还款日

河南省高级人民法院在（2015）豫法民一终字第 79 号一案中认为，对于未完工程，发包人做出还款承诺的，按照《民法典》第八百零七条的规定，在支付工程价款的条件成就之时开始计算建设工程价款优先受偿权的除斥期间，即可从发包人承诺的还款日起算建设工程价款优先受偿权。

5. 实际停工日

浙江省高级人民法院在（2014）浙民提字第 84 号一案中认为，工程停工后，没有续建的以实际停工之日作为享有建设工程价款优先受偿权的起算点。

【相关规定链接】

1.《民法典》

第三百八十八条　设立担保物权，应当依照本法和其他法律的规定订立担保合同。担保合同包括抵押合同、质押合同和其他具有担保功能的合同。担保合同是主债权债务合同的从合同。主债权债务合同无效的，担保合同无效，但是法律另有规定的除外。

担保合同被确认无效后，债务人、担保人、债权人有过错的，应当根据其过错各自承担相应的民事责任。

第七百九十三条　建设工程施工合同无效，但是建设工程经验收合格的，可以参照合同关于工程价款的约定折价补偿承包人。

建设工程施工合同无效，且建设工程经验收不合格的，按照以下情形处理：

（一）修复后的建设工程经验收合格的，发包人可以请求承包人承担修复费用；

（二）修复后的建设工程经验收不合格的，承包人无权请求参照合同关于工程价款的约定折价补偿。

发包人对因建设工程不合格造成的损失有过错的，应当承担相应的责任。

第八百零七条　发包人未按照约定支付价款的，承包人可以催告发包人在合理期限内支付价款。发包人逾期不支付的，除根据建设工程的性质不宜折价、拍卖外，承包人可以与发包人协议将该工程折价，也可以请求人民法院将该工程依法拍卖。建设工程的价款就该工程折价或者拍卖的价款优先受偿。

2.《施工合同解释（一）》

第三十八条　建设工程质量合格，承包人请求其承建工程的价款就工程折价或者拍卖的价款优先受偿的，人民法院应予支持。

第三十九条　未竣工的建设工程质量合格，承包人请求其承建工程的价款就其承建工程部分折价或者拍卖的价款优先受偿的，人民法院应予支持。

第四十条第一款　承包人建设工程价款优先受偿的范围依照国务院有关行政主管部门关于建设工程价款范围的规定确定。

第七章　建设工程价款优先
受偿权的行使方式

一、建设工程价款优先受偿权的行使方式和行使程序

（一）建设工程价款优先受偿权的行使方式

根据《民法典》第八百零七条的规定，承包人行使建设工程价款优先受偿权的方式有两种：一是承包人与发包人协议将该工程折价；二是申请人民法院将该工程依法拍卖。

（二）建设工程价款优先受偿权行使程序探析

1. 催告不是承包人行使建设工程价款优先受偿权的前置程序

根据《民法典》八百零七条的规定，发包人未按照约定支付价款的，承包人可以催告发包人在合理的期限内支付价款。在"催告"前面均是"可以"，而不是"应当"。因此，在司法审判中，催告不是承包人行使建设工程价款优先受偿权的前置程序，承包人未向发包人催告的，可以直接行使建设工程价款优先受偿权。

2. 协议折价是承包人行使建设工程价款优先受偿权的一种方式

（1）发承包双方可以在《建设工程施工合同》中直接约定折价条款；协议折价时，折价必须符合市场价格。建设工程价款优先受偿权本质上属于担保物权，《民法典》及相关司法解释，均禁止流押、禁止流质，是因为流押、流质均涉及物权变动，会损害债务人的合法权益。而在《建设工程施工合同》中约定折价条款，并不产生物权变动效力，仅仅是将实现建设工程价款

优先受偿权的方式、程序进行约定，并不损害第三方权益。

《民法典》第八百零七条规定了发承包双方可以协议将工程折价，故以工程折抵工程价款属于承包人行使建设工程价款优先受偿权的法律许可方式。司法实践中，"协议折价"主要有两种方式：一种是发承包双方协商确定价格，并将工程卖于第三人；另一种是直接将工程项目所有权转移于承包人抵作工程价款。对于双方已经履行完毕过户手续的，应认可其效力。对于尚未办理完毕过户手续，因发包人原因被人民法院查封的，除属于保护消费者权益的情形外，应认定该协议具有排除其他金钱债权的强制执行效力。对于以房抵债抵偿协议未获支持的，因该协议系承包人和发包人双方履行建设工程价款优先受偿权的法律行为，除因承包人的过错原因导致的外，自该协议被否定时，建设工程价款优先受偿权的期限应重新开始计算。承包人在丧失按照折价协议进行房产过户的权利时，应当继续享有建设工程价款优先受偿权。此外，发包人、承包人均同意工程折价的，工程折价必须符合市场价格，不能过低，否则将可能损害第三方权益。

（2）协议折价不是申请人民法院依法拍卖的必经程序。承包人通过催告程序，发包人仍然不支付价款的，除按照建设工程的性质不宜折价外，承包人可以与发包人协议将工程折价，用折价所得偿付工程价款。需要说明的是，"协议折价"并非行使建设工程价款优先受偿权唯一的程序。根据《民法典》第八百零七条的规定，承包人行使建设工程价款优先受偿权有两种方式，承包人既可以与发包人协议将建设工程折价，也可以直接申请人民法院将建设工程依法拍卖。这两种方式是并列的，承包人可以任意选择其中的一种方式，并不是承包人与发包人协议不成，才可以申请人民法院将建设工程依法拍卖。当然，如果发包人与承包人恶意串通，虚构发包人未按约支付工程价款的事实，并进而由承包人主张其优先于发包人的其他债权人受偿，从而达到架空债权人的一般债权的目的，那么其他债权人可通过行使撤销权来保护自己的合法权益。

3. 申请人民法院依法拍卖是承包人行使建设工程价款优先受偿权的另一种方式

可直接申请人民法院拍卖的情形，仅限承包人与发包人办理了竣工结算，工程价款的数额已经确定，并且双方就确定的工程价款进行了公证，形成了公证债权文书。由于公证的债权文书具有执行效力，所以承包人持此公证过的债权文书，可以直接向人民法院申请执行。

除上述情形外，承包人应通过仲裁或者诉讼，取得执行依据，并在执行程序中对建设工程进行拍卖。

发承包双方未能协议折价的或承包人不愿意以协议折价的方式实现建设工程价款优先受偿权的，根据《民法典》第八百零七条的规定，承包人可以申请人民法院将该工程依法拍卖，建设工程的价款就该工程拍卖的价款优先受偿。具体的拍卖程序如何操作，未作规定，在实践中也有分歧。

一种观点认为，可准用实现担保物权的程序，根据《民事诉讼法》第二百零三条和第二百零四条的规定，担保物权人可以直接申请法院裁定拍卖、变卖担保财产。这与《民法典》第八百零七条规定的内容（申请法院拍卖，而非"提起诉讼"）基本一致，且建设工程价款优先受偿权是法律出于保护承包人生存权利和维持建筑行业正常发展需要做出的特别规定，属于建设工程承包人工程价款债权的法定担保，故可以准用实现担保物权的程序。立法意图是要改变原担保法规定的抵押权行使方式，由"对人诉讼"改为"对物诉讼"，由承包人向建设工程所在地基层法院申请拍卖建设工程，直接实现工程债权的优先受偿；但准用实现担保物权的程序应当建立在建设工程欠款已认定清楚的基础上，如果发包人、承包人对于工程价款的数额存在较大争议，还应通过诉讼程序认定，在确定欠付的数额后再行主张。

另一种观点认为，承包人应向人民法院起诉，获得生效判决后，再向人民法院申请执行拍卖。当然承包人也可以仲裁书为依据申请人民法院强制执行拍卖。

本书认为，为简化程序，提高司法效率，将建设工程价款优先受偿权解释为担保物权的一种，可适用《民事诉讼法》实现担保物权的程序。

二、发包人是否可以与承包人协议以折价的方式行使建设工程价款优先受偿权

发包人可以与承包人协议以折价的方式行使建设工程价款优先受偿权，

但是有限定条件。只有在具备行使建设工程价款优先受偿权的条件时，承包人与发包人才可以通过协商折价的方式将承包人建设的工程抵偿给承包人。通过诉讼或仲裁实现建设工程价款优先受偿权是主流方式，协议折价在实务中并非主流方式。

建设工程价款优先受偿权系承包人的法定权利，发包人不能按照合同约定支付工程价款时，发包人可以与承包人协议以折价的方式行使建设工程价款优先受偿权。

首先，行使的前提是发包人未按照合同约定支付工程价款，承包人催告后在合理期限内仍不能支付的，才能行使建设工程价款优先受偿权。本书认为合理期限应当以六十日为宜。其次，承包人与发包人以协议折价方式主张建设工程价款优先受偿权时，应当公平合理，因为建设工程价款优先受偿权优先于抵押债权及普通债权受偿，若协议折价过低，可能存在损害其他债权人利益的情形。最后，应当注意建设工程价款优先受偿权的支付范围问题，发包人欠付承包人工程价款的利息、违约金、损害赔偿金等不属于建设工程价款优先受偿权的主张范围。

不能以协商折价的方式行使建设工程价款优先受偿权的情形有：①消费者基于生活购买的商品房，并且支付了全部或超过50%的购房款的。②建设工程未取得建设工程规划许可证或者未按照规划许可证的要求进行建设的。③建设工程验收不合格，且无法予以修复的。④建设工程属于事业单位、社会团体并且是以公益目的建设的教育设施、医疗设施及其他社会公益设施。⑤建设工程属于国家机关的办公用房或者军事建筑。⑥属于无法独立存在或者分割后影响主建筑使用功能的附属工程等的工程。⑦以协议折价的方式行使建设工程价款优先受偿权会损害他人利益。

三、承包人以向发包人单方发函的方式主张建设工程价款优先受偿权的效力

（一）效力

关于建设工程价款优先受偿权的行使方式，根据相关的法律规定，承包人与发包人协商将该工程折价抵偿欠付的工程价款或以诉讼形式要求确认享

有建设工程价款优先受偿权均为合法有效的方式。也就是说，承包人可以与发包人协议折价，也可以提起诉讼。

承包人以向发包人单方发函的方式主张建设工程价款优先受偿权，并未违反法律规定。如果发包人表示同意，则系当事人双方意思表示一致，应当予以认可。既然法律允许承包人以"协议折价"的非诉方式行使建设工程价款优先受偿权，则应为承包人以此方式行使权利构建相应的保障机制。

建设工程价款优先受偿权是承包人享有的法律上的利器，系法律上的技术创造，目的在于解决建筑市场长期存在的农民工讨薪难问题。如果承包人已发函主张建设工程价款优先受偿权，而仅因发包人不予配合，而造成承包人超过六个月的除斥期间主张权利，明显对承包人不公平。这也有悖于建设工程价款优先受偿权"保护承包人利益"的制度初衷。

发函主张建设工程价款优先受偿权虽然看似并不被法律规定所涵括，但在实务中却不乏被肯定之例，详见下文典型案例。

（二）相关典型案例

1. 天成润华集团有限公司、中国核工业华兴建设有限公司建设工程施工合同纠纷案［最高人民法院（2012）民一终字第41号］

裁判要旨：天成国贸中心一期工程在2008年2月4日竣工验收后，华兴公司于同年5月12日以工作联系单的方式向大成公司主张案涉工程的建设工程价款优先受偿权，并未超出法定的建设工程价款优先受偿权除斥期间。天成公司认为华兴公司起诉时主张建设工程价款优先受偿权超出法定的期间缺乏事实和法律依据不能成立。归纳来说，即为承包人于六个月期限之内未协议折价或申请拍卖，而仅发函主张建设工程价款优先受偿权，并无不可。

2. 威海建设集团股份有限公司与荣成市神飞船舶制造有限公司破产管理人建设工程价款优先受偿权纠纷案［威海市中级人民法院（2015）威民一终字第550号］

裁判要旨：以"催款函"等发函方式主张工程的建设工程价款优先受偿权属于行使建设工程价款优先受偿权的适当方式，原审有误，应予纠正。

四、能否适用实现担保物权特别程序实现建设工程价款优先受偿权

（一）主流观点

大部分学者认为，《民事诉讼法》第二百零三条和第二百零四条规定了实现担保物权特别程序，建设工程价款优先受偿权是法律出于保护承包人生存权利和维持建筑行业正常发展的需要做出的特别规定，属于建设工程承包人工程价款债权的法定担保，归属于法定抵押权的范畴，其性质和效力与担保物权类似，故可以准用实现担保物权特别程序处理。当承包人与发包人对工程价款金额无实质性争议时，承包人可以选择实现担保物权特别程序行使建设工程价款优先受偿权。

（二）其他观点

基于物权法定原则，建设工程价款优先受偿权不属于法定担保物权，实现担保物权特别程序仅针对担保物权人，建设工程价款优先受偿权不属于民事诉讼法规定的实现担保物权特别程序所对应的权利，故承包人无权提起实现担保物权特别程序。

（三）本书观点

本书认为承包人可以选择实现担保物权特别程序行使建设工程价款优先受偿权。

（1）从《民法典》第八百零七条的文字表述来看，是按照法定抵押权的内容特征所作的规定，建设工程价款优先受偿权系法定抵押权乃立法者之本意。《民法典》条文中之所以未采用法定抵押权的明确表述，是立法者从实务操作出发，将法定抵押权之抽象概念转而表述成具体的内容、效力和实现之方式。理论界对建设工程价款优先受偿权系法定抵押权已形成共识，并未有学者提出异议。

（2）按照《民法典》第八百零七条的规定，建设工程价款优先受偿权的行使方式有两种：一是承包人与发包人协议将该工程折价；二是申请人民法院将该工程依法拍卖。这两种方式没有顺位之分，承包人可根据实际情况自主选择，可以直接选择实现担保物权特别程序申请人民法院将该工程依法拍

卖，行使建设工程价款优先受偿权。

（3）在《物权法》出台之前，尤其是《民事诉讼法》修改之前，《民法典》第八百零七条规定的行权路径在实体上和程序上均存有障碍，从未有承包人直接申请法院依法拍卖建设工程，并就拍卖价款优先受偿之先例。而是向法院提请针对发包人的工程价款给付之诉，同时请求法院确认其对案涉建设工程享有建设工程价款优先受偿权。各级法院亦默认承包人的此种行权路径，若承包人的确享有建设工程价款优先受偿权，法院亦予确认。该行权路径虽背离《民法典》第八百零七条的立法本意，但因《合同法》施行时，《物权法》尚未出台，尚未有对物之诉；《民事诉讼法》亦未设计实现担保物权之特别程序，所以不得不折中施行。在《物权法》《民法典》相继颁布后，抵押权人可提请对物之诉，2012年修改后的《民事诉讼法》又设计了实现担保物权之特别程序，于此背景之下，建设工程价款优先受偿权的行权路径之法律障碍尽得消除，承包人可以按照《民法典》第八百零七条之规定，优先选择实现担保物权特别程序行使建设工程价款优先受偿权。

（4）根据《民法典》第八百零七条的规定，建设工程价款优先受偿权的实现方式包括申请人民法院将该工程依法拍卖，而根据《民事诉讼法》第二百零三条和第二百零四条的规定，担保物权人可以直接申请法院裁定拍卖、变卖担保财产，建设工程价款优先受偿权与担保物权的行使程序并无差别，故可以准用实现担保物权的程序。另外，从建设工程价款优先受偿权优先于抵押权的角度出发，实现抵押权可以享有的程序便利，建设工程价款优先受偿权人更应当享有，建设工程价款优先受偿权人依据实现担保物权特别程序行使权利，不损害第三方利益，有利于提高司法效率。

（四）不同的意见及应注意的问题

（1）《重庆市高级人民法院关于办理实现担保物权案件若干问题的解答》第三点：建设工程价款优先受偿权人是否可以作为实现担保物权案件的申请人？原《合同法》第二百八十六条规定："发包人未按照约定支付价款的，承包人可以催告发包人在合理期限内支付价款。发包人逾期不支付的，除按照建设工程的性质不宜折价、拍卖的以外，承包人可以与发包人协议将工程折价，也可以申请人民法院将该工程依法拍卖。建设工程的价款就该工程价款或者拍卖的价款优先受偿。"目前关于建设工程价款优先受偿权的性质尚存争议，且《民诉法解释》第三百五十九条未规定建设工程价款优先受偿权人可以作为实现担保物权案件的申请人，故不宜将其纳入实现担保物权案件申请人范围。

（2）当承包人与发包人对工程价款金额无实质性争议时，承包人可以优先选择实现担保物权特别程序行使建设工程价款优先受偿权。2012年修订的《民事诉讼法》首次规定了实现担保物权特别程序制度。该制度既是《民法典》第四百一十条"抵押权人与抵押人未就抵押权实现方式达成协议的，抵押权人可以请求人民法院拍卖、变卖抵押财产"之规定的程序安排，又是《民法典》第八百零七条的操作路径。承包人与发包人之间对工程价款是否存在"实质性争议"对实现担保物权特别程序至关重要，直接决定了建设工程是否会被裁定准许拍卖、变卖。只有当承包人与发包人对工程价款金额无实质性争议时，承包人才有选择实现担保物权特别程序行使建设工程价款优先受偿权之可能。

（3）当承包人与发包人对工程价款金额尚存实质性争议时，承包人应通过普通诉讼程序行使建设工程价款优先受偿权。承包人应提请工程价款给付之诉，在该诉中同时请求法院将建设工程拍卖并就拍卖价款优先受偿。承包人应改变以前在给付之诉中提请确认有建设工程价款优先受偿权的确认之诉的请求方法。因为法律规定了承包人18个月的行权期限，在该期限内，承包人应真正地行使权利，直接请求法院将建设工程拍卖并就拍卖价款优先受偿，而非单单地请求法院确认有建设工程价款优先受偿权。若仅仅确权而不行使权利，将有可能导致建设工程价款优先受偿权的丧失。

五、人民法院及仲裁机构能否在调解书中确认当事人享有建设工程价款优先受偿权

（一）在建设工程价款优先受偿权的实质性事项符合法律规定的情况下，人民法院及仲裁机构可以在民事调解书中确认当事人享有建设工程价款优先受偿权

建设工程价款优先受偿权是承包人基于《民法典》第八百零七条的法律

规定而直接享有的权利，即只要符合该条规定的条件，承包人即当然具有此项权利，且该权利不以占有、登记为要件，属法定优先权。该项制度基于承包人实际承建了建设工程，在合同履行过程中投入的人力、物力已经物化到建设工程之中，从而赋予承包人对建设工程价款享有的债权，在其承建的工程本身折价或者拍卖所得价款的范围内，享有优先于抵押权及其他普通债权受偿的权利。既然法律直接赋予了承包人建设工程价款优先受偿权，则应保护承包人的此项合法权利。承包人通过诉讼或仲裁程序尚能获得支持，从减少诉累及利于权利保护的角度来讲，通过法院或仲裁机构调解的方式更应该予以支持。

虽然有反对观点认为，若通过调解确认建设工程价款优先受偿权，容易产生虚假诉讼、恶意串通损害第三人利益等情形。但本书认为，法院、仲裁机构作为裁判机关，有能力审查建设工程价款优先受偿权的行使主体、行使期限、行使方式、工程价款债权的范围等实质性事项是否符合法律规定。在实质性事项均符合法律规定的情况下，在调解程序中确认建设工程价款优先受偿权更符合保护承包人乃至建筑工人合法权益的立法本意。此外，即便在调解阶段未能审查出存在虚假诉讼、恶意串通损害第三人利益等情形，第三人仍可通过第三人撤销之诉程序或者审判监督程序撤销民事调解书保护自己的合法权益。况且，建设工程价款优先受偿权的立法本意是保护建筑工人的生存权，第三人的利益仅系财产权，生存权高于财产权，更应保护建筑工人的生存权。若以保护第三人财产权为由，否定保护生存权的合法便利途径，有违法理。

本书认为，建设工程价款优先受偿权系建设工程价款债权的从权利，在调解建设工程施工合同案件的过程中，可以一并确认建设工程价款优先受偿权。现行法律中对民事调解与民事判决的适用范围没有作区分，确权之诉是一种重要的诉的形式，民事判决中可以确定建设工程价款优先受偿权，当然也可以民事调解书的方式确认建设工程价款优先受偿权，现有的民事诉讼法并没有对此进行限制。民事调解书不同于司法确认民事调解协议的效力，通过民事调解书确认建设工程价款优先受偿权，也不同于发包人与承包人协议折价的情形，具有独特的司法价值。因此，人民法院及仲裁机构可以在民事调解书中确认当事人享有建设工程价款优先受偿权，但应就建设工程价款优先受偿权的权利主体、权利客体、行使期限、行使条件，尤其是债权范围等实质性事项是否符合法律规定进行实体审查。重点审查是否存在当事人虚增工程价款数额、伪造竣工记录、伪造付款期限、伪造行使时间等情形。未经实体审查或经审查不符合建设工程价款优先受偿权行使条件的，法院不予出具调解书。

（二）不同意见及观点

（1）建设工程价款优先受偿权是否成立及担保债权数额原则上不能通过调解确定。根据《民法典》第八百零七条的规定，当承包人的建设工程价款优先受偿权与其他债权人的抵押权冲突时，建设工程的承包人就建设工程的拍卖或折价款项优先受偿。如果允许就建设工程价款优先受偿权是否成立及担保债权数额通过调解的方式确定，则使得建设工程价款优先受偿权范围及数额的确定具有极大的随意性，这与优先权本身的法定性不相适应。此外，以调解的方式确定优先权是否成立及债权担保数额，必然会出现承包人与发包人之间的博弈和妥协，还可能出现双方恶意串通的情况，此时就必然侵害了其他债权人的担保物权。因此，建设工程价款优先受偿权是否成立及担保债权的数额原则上不能通过调解方式确定。[1]

（2）建设工程价款优先受偿权不应调解确认的其他理由。第一，建设工程价款优先受偿权具有担保的物权属性。建设工程价款优先受偿权来自法律的直接创设、规定，且并不以占有、登记为公示方式。动产的担保可以通过质押、留置等方式进行，人们可以通过占有推定所有权和权利受限的情况，不动产则通过登记的方式设立抵押担保等。但建设工程价款优先受偿权在清偿顺序上优先于抵押等担保物权，如果仅仅通过调解的方式予以确认，囿于调解的私密性和不公开性（民事调解书目前在各地均以不公开为原则），有利害关系的第三人将无从得知优先权是否存在等，致使其自身的权利处于不确定的状态。

第二，调解中可能涉及虚假诉讼。在建设工程合同纠纷案件中，如果发

---

① 中国建设工程法律评论第四工作组编著：《建设工程优先受偿权》，法律出版社2017年版，第136页。

承包双方对工程造价支付款项等问题的态度高度一致，那么往往是双方虚报较高的债权以获得更高的求偿比例，在案件中确定建设工程价款优先受偿权才是双方当事人的真实目的，此种情况客观上将损害银行以及其他债权人的合法权利。

第三，鉴于建设工程价款优先受偿权往往可能对银行的债权产生损害，法院有必要依职权追加银行等作为第三人参加诉讼，以查明工程价款债权是否存在串通虚高的可能、债权的履行期限是否被恶意延长、将建设工程折价受偿的协议是否为后补等事实。"恶意串通"的主观要件由法官单方查明存在较大难度，且有违"不告不理"的原则。而银行等主体往往对发包人、承包人有一定的掣肘手段，收集资金往来等证据较为便利，有助于查明该部分事实。

第四，根据《民诉法解释》第三百五十五条第一款第五项的规定，调解协议内容涉及物权、知识产权确权的，人民法院裁定不予受理。即调解协议包括物权确权的内容时，人民法院不通过司法确认程序确认调解协议的效力。另外《九民会议纪要》规定当事人因达成以物抵债协议，请求人民法院出具调解书对以物抵债协议予以确认的，因债务人完全可以立即履行该协议，没有必要由人民法院出具调解书，故人民法院不应准许，同时应当继续对原债权债务关系进行审理。在发包人与承包人认可承包人享有建设工程价款优先受偿权的前提下，双方依法可以通过折价的方式由承包人行使建设工程价款优先受偿权，也没有必要由法院出具调解书对承包人享有建设工程价款优先受偿权进行确认。

第五，如果建设工程价款优先受偿权已经确实不存在（如超过行使期限等情况），尽管发包人同意确认，但法院不宜通过调解直接确认。[①]

（三）典型案例

1. 南通建工集团股份有限公司、澄迈天浙房地产开发有限公司建设工程施工合同纠纷

一审：海南省高级人民法院（2018）琼民再字21号。海南省高级人民

---

① 周利明：《解构与重塑：建设工程合同纠纷审判思维与方法》，法律出版社2019年版，第605页。

法院认为：第一，民事调解书确认享有建设工程价款优先受偿权的工程价款数额虚高，侵犯了其他债权人的利益，应予以撤销。第二，民事调解书确认建设工程价款优先受偿权的范围超出法律规定，且未审查权利行使期限错误。

二审：最高人民法院（2019）最高法民终1678号。最高人民法院认为：该案2号民事调解书确定的应付工程价款，以及建设工程价款优先受偿金额确有错误，应予以撤销。

2. 吴某友、四川圣新工程机械设备租赁有限公司第三人撤销之诉

二审民事判决书［最高人民法院（2018）最高法民终89号］中，最高人民法院认为：人民法院民事调解书中确认享有建设工程价款优先受偿权的债务数额错误，侵害第三人合法权益的，第三人可以提起撤销之诉撤销人民法院出具的民事调解书。

3. 武汉市民众投资有限责任公司、武汉律信资产管理有限公司案外人执行异议之诉案

湖北省高级人民法院执行部门认为，（2007）武民初字第53号民事调解书确认，中建三局三公司对阳光大厦享有建设工程价款优先受偿权，异议人民众公司与阳光公司签订的《协议书》并不能转让阳光大厦负一层的所有权，因此，民众公司的权利不能对抗申请执行人中建三局二公司享有的建设工程价款优先受偿权。

湖北省高级人民法院裁判要旨：建设工程价款优先受偿权是一种法定优先权，在履行施工合同过程中，由于承包人已将其物化到建设工程上，随之产生建设工程价款优先受偿权。该权利有一定的追及效力，即使在建工程所有权发生转移，承包人仍然可以依法行使该权利，除非法律另有规定或者承包人放弃该权利。故对建设工程具有追及效力的建设工程价款优先受偿权可以对抗案外人的所有权。目前，有司法解释明确确认的优于建设工程价款优先受偿权的权利，只有消费者物权期待权。有鉴于此，民众公司不享有足以排除强制执行的民事权益。

最高人民法院维持一审湖北省高级人民法院判决［最高人民法院（2018）最高法民终418号］。

六、当事人在诉讼/仲裁程序中未主张，在执行程序中能否主张行使建设工程价款优先受偿权

（一）法院在执行程序中收到承包人要求行使未经生效法律文书确认的建设工程价款优先受偿权申请的处理规则

法院在执行程序中收到承包人要求行使未经生效法律文书确认的建设工程价款优先受偿权的申请，可以分两种情况予以处理。第一，如果被执行人对申请的工程价款金额无异议，且经法院审查，承包人提供的建设工程合同及相关材料合法，符合优先受偿条件，亦未发现承包人和被执行人恶意串通损害国家、集体和第三人利益的，应准许其优先受偿。第二，如果被执行人对其申请的工程价款金额有异议，法院应当告知承包人另行诉讼。承包人是否享有建设工程价款优先受偿权以及建设工程价款优先受偿权部分的具体金额，属于实体问题，本质上应由审判机构通过诉讼程序或者仲裁机构通过仲裁程序予以确认。

（二）《浙江高院优先权解答》中规定的主张建设工程价款优先受偿权的程序

建设工程承包人自行与发包人协商以该工程折价抵偿尚未支付的工程价款，或者提起诉讼、申请仲裁要求确认其对该工程拍卖价款享有优先受偿权，或者直接申请法院将该工程拍卖以实现工程价款债权，或者申请参加建设工程变价款的参与分配程序主张优先受偿权，均属于对建设工程价款依法行使建设工程价款优先受偿权。

建设工程承包人提起诉讼、申请仲裁仅要求判决或裁决由发包人向其支付工程款，未要求确认其对该工程拍卖价款享有优先受偿权的，不视为行使优先权。

（三）民事审判指导意见

依据《民事审判指导与参考》（第63辑）的指导意见，如果被执行人对其申请的工程价款金额有异议的，法院应当告知承包人另行诉讼，但法院对工程变价款的分配程序须待诉讼有结果后方可继续进行。享有建设工程价款优先受偿权的工程价款的具体金额应由审判机构或仲裁机构确定。

【相关规定链接】

1.《民法典》

第四百一十条 债务人不履行到期债务或者发生当事人约定的实现抵押权的情形，抵押权人可以与抵押人协议以抵押财产折价或者以拍卖、变卖该抵押财产所得的价款优先受偿。协议损害其他债权人利益的，其他债权人可以请求人民法院撤销该协议。

抵押权人与抵押人未就抵押权实现方式达成协议的，抵押权人可以请求人民法院拍卖、变卖抵押财产。

抵押财产折价或者变卖的，应当参照市场价格。

2.《民事诉讼法》

第二百零三条 申请实现担保物权，由担保物权人以及其他有权请求实现担保物权的人依照民法典等法律，向担保财产所在地或者担保物权登记地基层人民法院提出。

第二百零四条 人民法院受理申请后，经审查，符合法律规定的，裁定拍卖、变卖担保财产，当事人依据该裁定可以向人民法院申请执行；不符合法律规定的，裁定驳回申请，当事人可以向人民法院提起诉讼。

3.《施工合同解释（一）》

第三十五条 与发包人订立建设工程施工合同的承包人，依据民法典第八百零七条的规定请求其承建工程的价款就工程折价或者拍卖的价款优先受偿的，人民法院应予支持。

第四十一条 承包人应当在合理期限内行使建设工程价款优先受偿权，但最长不得超过十八个月，自发包人应当给付建设工程价款之日起算。

4.《民诉法解释》

第三百五十五条 当事人申请司法确认调解协议，有下列情形之一的，人民法院裁定不予受理：

（一）不属于人民法院受理范围的；

（二）不属于收到申请的人民法院管辖的；

（三）申请确认婚姻关系、亲子关系、收养关系等身份关系无效、有效或者解除的；

（四）涉及适用其他特别程序、公示催告程序、破产程序审理的；

（五）调解协议内容涉及物权、知识产权确权的。

人民法院受理申请后，发现有上述不予受理情形的，应当裁定驳回当事人的申请。

5.《浙江高院优先权解答》

二、哪些方式可以认定为具有行使优先权的效力？

建设工程承包人自行与发包人协商以该工程折价抵偿尚未支付的工程价款，或者提起诉讼、申请仲裁要求确认其对该工程拍卖价款享有优先受偿权，或者直接申请法院将该工程拍卖以实现工程价款债权，或者申请参加对建设工程变价款的参与分配程序主张优先受偿权，均属于对建设工程价款依法行使优先权。

建设工程承包人提起诉讼、申请仲裁仅要求判决或裁决由发包人向其支付工程款，未要求确认其对该工程拍卖价款享有优先受偿权的，不视为行使优先权。

第八章 建设工程价款优先 受偿权的追及效力

一、建设工程价款优先受偿权的追及效力

（一）建设工程价款优先受偿权追及效力的法律依据

《民法典》第三百一十一条规定："无处分权人将不动产或者动产转让给受让人的，所有权人有权追回"；第四百零六条规定："抵押期间，抵押人可以转让抵押财产。当事人另有约定的，按照其约定。抵押财产转让的，抵押权不受影响。"上述规定是有关所有权的追及效力和抵押权的追及效力的规定。建设工程价款优先受偿权不管是认定为法定抵押权的性质，还是认定为法定优先权，其权利均优先于一般抵押权，抵押权人对抵押物尚且追及效力，建设工程价款优先受偿权人当然也更应该享有对建设工程的追及效力。

（二）建设工程价款优先受偿权追及效力的法律分析

建设工程债权转让后，受让人也应享有建设工程价款优先受偿权。建设工程承包人转让其在施工中形成的债权，受让人基于债权的转让而取得工程价款债权，因而其应当享有建设工程价款优先受偿权。法定优先权属于担保物权，具有一定的追及效力，其功能是担保工程价款优先支付，该权利依附于所担保的工程而存在，即使被担保的工程发生转让，也不影响承包人建设工程价款优先受偿权的行使。①

---

① 杜万华主编、最高人民法院民事审判第一庭编：《民事审判指导与参考》（第65辑），人民法院出版社2016年版，第252～253页。

　　本书认为建设工程价款优先受偿权具有追及效力，主要理由如下。

　　（1）建设工程价款优先受偿权属于特别法定优先权，具有物权性。特别建设工程价款优先受偿权并非概括地就债务人的全部财产享有优先受偿的权利，其客体为特定物。故建设工程价款优先受偿权充分具备担保物权的物权性、价值权性、担保性等法律属性的条件。建设工程价款优先受偿权具有物权性，法律未明文规定排除其追及效力。

　　（2）物上请求权在于维护物权之圆满状态，基于物的交换价值产生的建设工程价款优先受偿权，不能排除追及效力。追及力本是物权的内在效力，它与排他效力、优先效力和物上请求权处于平行的地位。建设工程价款优先受偿权成立在工程成果完成之后，承包人往往脱离了对建设工程的占有。建设工程交易时，如仅赋予承包人物上代位权，在发包人不诚信，承包人权利不能实现的情况下，物上代位性是无能为力的。物上代位性属于一种弱化的物权，表现出向债权转化的趋向，不利于对承包人利益的保护。

　　（3）建设工程价款优先受偿权的追及效力并不因成立而必然取得。从性质来看，追及权属支配权；而从实现方式来看，追及权又属请求权。承包人因通过公权力行使建设工程价款优先受偿权之后，所取得的公示对抗效力，让建设工程价款优先受偿权具有追及效力具备了物权法公示公信主义的法理基础。

　　（4）受让人并非善意、自甘风险取得建设工程所有权，不能涤除建设工程价款优先受偿权。善意取得是限制追及效力的前提，即在不动产交易时，第三人根据不动产登记取得的物权，不受追夺，但取得权利时知悉权利瑕疵的除外。

二、建设工程价款优先受偿权追及效力的限制与善意取得

　　《民法典》第三百一十一条规定，"无处分权人将不动产或者动产转让给受让人的，所有权人有权追回；除法律另有规定外，符合下列情形的，受让人取得该不动产或者动产的所有权：（一）受让人受让该不动产或者动产时是善意；（二）以合理的价格转让；（三）转让的不动产或者动产依照法律规定应当登记的已经登记，不需要登记的已经交付给受让人。受让人依据前款规定取得不动产或者动产的所有权的，原所有权人有权向无处分权人请求损

害赔偿。当事人善意取得其他物权的，参照适用前两款规定。"第三百一十三条规定："善意受让人取得动产后，该动产上的原有权利消灭。但是，善意受让人在受让时知道或者应当知道该权利的除外。"

依据上述规定，所有权人对物的追及效力受到善意取得制度的限制，也即受让人善意取得物权的，所有权人对标的物不再享有追及效力，其他物权参照适用。因此对建设工程价款优先受偿权追及效力的限制，也应当适用善意取得制度，即如果建设工程的受让人构成善意取得的，建设工程价款优先受偿权人不再对已转让的建设工程享有追及效力。

受让人是否构成善意取得，主要在于受让人是否知道或应当知道，承包人的建设工程价款优先受偿权的存在。作为一个正常的市场主体，应当知晓承包人的建设工程价款优先受偿权的存在，难谓受让人取得建设工程构成善意。因此，一般情形下，受让人不构成善意取得，不影响建设工程价款优先受偿权人对建设工程的追及效力。另外，《民法典》规定，即使受让人构成善意取得，也只有在标的物是动产的情形下，该动产上的原权利才消灭。建设工程属于不动产，标的物上的原建设工程价款优先受偿权也不消灭。

二、建设工程转让对建设工程价款优先受偿权行使的影响

在实践中，当发包人出现资金周转、无力继续开发向破产的实力时，通常会选择将在建工程直接转让给项目受让人，或者通过以物抵债的方式将建设工程转让给项目受让人。附着建设工程价款优先受偿权的建设工程转让使原本相互独立的建设工程施工合同与不动产买卖合同发生联系。但因为建设工程价款优先受偿权是法律基于公平、公益、共益等价值理念而直接赋予特定权利人，第三人难以知悉，如无合理的规则确定建设工程价款优先受偿权的追及效力，难以维护交易安全，也对承包人的建设工程价款优先受偿权产生诸多影响。

（一）项目受让人是否可以作为承包人建设工程价款优先受偿权的行使对象

在建设工程所有权转让的情况下，承包人能否向项目受让人主张建设工

程价款优先受偿权？对于这一问题，我国法律没有明确规定，理论界存在以下两种观点。

1. 项目受让人不能作为承包人建设工程价款优先受偿权的行使对象

承包人的建设工程价款优先受偿权只存在于发包人所有的建设工程之上，一旦建设工程转让给第三人，承包人的建设工程价款优先受偿权即不复存在。

2. 项目受让人可以作为承包人建设工程价款优先受偿权的行使对象

该观点认为，建设工程价款优先受偿权是法定优先权，具有物权的效力，包括追及效力。项目受让人通过转让取得了建设工程所有权，不影响承包人的建设工程价款优先受偿权。持肯定观点的人主要有以下几个理由。

（1）《施工合同解释（一）》第三十六条规定："承包人根据民法典第八百零七条规定享有的建设工程价款优先受偿权优于抵押权和其他债权。"抵押权人在满足条件的情况下可以直接就抵押物行使抵押权实现其债权。如果在建设工程所有权转让给项目受让人后，不允许承包人向项目受让人行使建设工程价款优先受偿权的话，就会在事实上造成抵押权优于建设工程价款优先受偿权的结果。如果建设工程通过以物抵债的方式抵给了没有抵押权的一般债权人，更会在事实上造成建设工程价款优先受偿权劣于一般债权的后果。如此一来，建设工程价款优先受偿权就会失去设立时的意义，《民法典》第八百零七条的立法目的就无法实现，因此项目受让人应当成为建设工程价款优先受偿权的行使对象。

（2）建设工程价款优先受偿权作为一种法定权利，无须登记和另行公示。法律已明确赋予了承包人就其承包的工程享有建设工程价款优先受偿权，这就是一种公示，项目受让人应当知道建设工程上可能还会存在承包人的建设工程价款优先受偿权。项目受让人有义务向发包人要求出具承包人认可的工程价款已付清的证明，或直接向承包人求证工程价款是否已经付清。如果项目受让人没有履行该义务，或者履行该义务后明知承包人的工程价款尚未付清，该工程尚存在建设工程价款优先受偿权，还受让该建设工程的，就不能使用善意取得规则对抗承包人的建设工程价款优先受偿权。

比如，陕西省高级人民法院在（2013）陕民一终字第 00104 号一案认为，《合同法》第二百八十六条规定："发包人未按照约定支付价款的，承包人可以催告发包人在合理期限内支付价款。发包人逾期不支付的，除按照建设工程的性质不宜折价、拍卖的以外，承包人可以与发包人协议将该工程折价，也可以申请人民法院将该工程依法拍卖。建设工程的价款就该工程折价或者拍卖的价款优先受偿。"从上述法律规定看，建设工程价款优先受偿权是一种承包人就建设工程直接支配其交换价值而优先于发包人的其他债权人受偿其债权的权利，它的实现无须借助义务人的给付行为，且不仅可以对抗发包人，还可以对抗第三人。项目受让人与发包人签订的《终止〈合同书〉协议》的内容明显涉及承包人的重大经济利益。《合同法》第二百八十六条规定建设工程的价款就该工程折价或者拍卖的价款优先受偿。因此，对于该在建工程的折价补偿款，承包人依法享有优先受偿的法定权利。项目受让人与发包人签订的《终止〈合同书〉协议》也约定，在发包人收到款项后，必须保证优先清偿该项目工程建设的有关债务，接受项目工程建设的有关债务，并接受项目受让人的监督。根据上述事实，项目受让人作为承包人施工的在建工程的占有人，在负有明确的监管职责的情况下，疏于监管，致使承包人无法就其应得的工程价款在该工程折价款范围内优先获得清偿，造成承包人丧失了物上担保的法定权益，项目受让人存在明显过错，侵犯了承包人工程价款的优先受偿权，理应承担侵权责任。最终判决项目受让人向承包人支付工程价款。

（二）实践中的不同观点

建设工程项目转让后，如果新的项目所有权人同意继续履行原建设工程施工合同，则原承包人的权益将得到保障；如果新的项目所有人不同意继续履行原建设工程施工合同，则原建设工程施工合同对新业主没有法律约束力，原承包人的建设工程价款优先受偿权能否行使，现行法律及司法解释没有明确规定，存在一定争议。遗憾的是，《施工合同解释（二）》（征求意见稿）第三十六条曾规定发包人以其不是建设工程项目建设单位或者建设工程已经转让受让人所有抗辩承包人建设工程价款优先受偿权的，人民法院不予支持。

但应当追加建设工程项目建设单位或者工程项目受让人作为无独立请求权受让人参加诉讼，也就是说，建设工程价款优先受偿权具有追及效力。但最终公布的《施工合同解释（二）》却删除了该条款。对于建设工程转让后承包人建设工程价款优先受偿权行使的问题，相关法律或司法解释没有做出明确规定。

因无统一立法精神，因而对于该问题，实践中有不同观点。有观点认为，承包人的建设工程价款优先受偿权只存在于发包人所有的建设工程之上，一旦建设工程转让给第三人，承包人的建设工程价款优先受偿权即被阻断或不再存在。最高人民法院在（2013）民申字第40号一案中认为，依据《合同法》第二百八十六条的规定，建设工程价款优先受偿权的行使方式有两种：一是承包人与发包人协议将该工程折价；二是承包人申请人民法院将该工程依法拍卖。本案中，涉案的几项建设工程标的物已经被发包人抵偿了债务，申请人主张建设工程价款优先受偿权缺乏事实及法律依据。

另有观点认为，法定优先权属于担保物权，具有一定的追及效力，其功能是担保工程价款优先支付，该权利依附于所担保的工程而存在，即使被担保的工程发生转让，也不影响承包人对建设工程价款优先受偿权的行使。第三人即使通过转让取得了建设工程所有权，也不影响承包人对该工程行使建设工程价款优先受偿权。司法实践中，部分法院也认同该观点。上海市高级人民法院在（2009）沪高民一（民）再终字第2号一案中认为，承包人以侵犯建设工程价款优先受偿权为由提起本案诉讼，该诉讼请求的理由本身包含了其对建设工程价款优先受偿权的主张，且在法定时限内，承包人仍享有该工程的建设工程价款优先受偿权。建设工程的法定优先权是指承包人就建设工程直接支配其交换价值而受偿其债权的权利，是存在于物之上的权利。在承包人享有该建设工程价款优先受偿权的情况下，受让人与发包人进行了工程项目的转让过户，该行为应视作是存在权利瑕疵的项目转移，此时建设工程价款优先受偿权人仍可以向受让人行使该权利，在受让人代替债务人清偿债务使该建设工程价款优先受偿权消灭后，受让人有权再向债务人追偿。即在发包人作为合同相对方承担因合同产生的所有债务的同时，承包人在系争工程上仍可主张建设工程价款优先受偿权。

还有观点认为，建设工程项目转让后，承包人应根据不同的情况来行使其建设工程价款优先受偿权。如建设工程项目转让并办理了过户手续，承包人则不能向工程项目的善意受让人主张建设工程价款优先受偿权，此时承包人只能向工程项目原发包人主张从其工程项目转让价款中优先受偿。如果工程项目虽然已经签订了转让协议或已经交付给了项目受让人，但未办理过户手续，则承包人仍可以基于该工程项目主张建设工程价款优先受偿权。因为工程项目虽然已经转让，但工程项目仍在原发包人名下，工程项目的物权未发生变动，对承包人而言，建设工程施工合同的发包人主体尚未发生变更，承包人仍可主张建设工程价款优先受偿权。

四、未经建设工程价款优先受偿人同意，建设工程转让合同的效力

（一）附着建设工程价款优先受偿权的建设工程的可转让性

工程价款主债权受偿前，附着建设工程价款优先受偿权的建设工程可以转让。主要理由是，在性质上，建设工程价款优先受偿权虽然具有担保物权的属性，但基于所有权的权能，发包人完全可以对其名下的附着建设工程价款优先受偿权的建设工程进行包括转让在内的任何处分，即便参照《民法典》第四百零六条等关于抵押物转让的规定，附着建设工程价款优先受偿权的建设工程也可以转让，只是转让合同可能因承包人的建设工程价款优先受偿权的存在，标的物上有权利负担，但并不会因为未征得承包人同意而无效。具体理由如下。

第一，建设工程价款优先受偿权本质上属于价值权的范畴，将附着建设工程价款优先受偿权的建设工程进行转让，是价值实现的方式，原则上二者之间并不存在冲突。

第二，建设工程能否转让，涉及的是所有权或者处分权的问题，根据《民法典》等规定，所有权人或者有权处分人处分财产，是法定权利，可直接行使，在建设工程上附着建设工程价款优先受偿权，并不意味着就此剥夺了发包人的处分权。退一步讲，即便所有权或者处分权不存在，转让合同也不因此而无效。

第三，参照存在抵押权的不动产转让的规定，若受让人代为清偿对承包人的债务，发包人自可转让附着建设工程价款优先受偿权的建设工程，且无须征得承包人的同意；若在其他情形下转让建设工程的，应将转让取得的价款向承包人清偿或提存。但是，法律并没有规定，未将转让所得的价款向承包人清偿或者提存的情况下，转让附着建设工程价款优先受偿权的建设工程的，发包人与受让人之间签订的转让合同无效；相反，在我国现有法律、司法解释的框架下，此情况下签订的转让合同应是有效的，只是在受让人取得的标的物上有权利负担。

（二）建设工程转让合同的效力

如果发包人在转让存在建设工程价款优先受偿权的工程时，未通知承包人，或者也未告知受让人涉案工程上存在建设工程价款优先受偿权，建设工程转让合同的效力认定如下。

第一，即使发包人未通知承包人而签订工程转让合同，此时，该合同如无违反法律强制性规定的情形，也应属有效。

第二，如果该工程已经过户给受让人，不影响承包人的建设工程价款优先受偿权的追及效力。

第三，承包人可以通知受让人，对受让人就应付而未付的转让款而主张权利，要求对该款项优先受偿。如果工程已经过户，承包人有权利要求转让人及受让人提供转让合同，披露转让款及其支付情况，并要求受让人对转让人停止支付；如果转让人及受让人不予配合，承包人可以对二者提起诉讼。

第四，在发包人和受让人仅签订了转让合同，但未办理工程过户登记的情况下，承包人能否以工程价款未支付、建设工程价款优先受偿权未实现为由，主张对工程价款优先受偿，请求法院判决双方停止办理过户手续？在涉及受让人是普通的购房主体即消费者的情况下，消费者支付了大部分购房款的，可以优先于房屋的抵押权和建设工程价款优先受偿权。若受让人为消费者之外的其他主体，会出现权利的冲突与如何做到平衡保护的问题，有特别讨论的必要。此时，承包人与受让人均对涉案工程享有债权，承包人享有的是工程价款债权，该债权可以对涉案工程行使建设工程价款优先受偿权；受让人享有的是请求转移占有及过户登记的请求权。二者的权利发生冲突，应如何权衡保护，法律并未明确规定，但可以依据法理予以讨论。

本书认为，在工程并未过户的情况下，原则上应优先保护承包人的债权。其理由有三。一是虽然承包人、受让人同为债权人，但承包人的债权有工程作为担保，建设工程价款优先受偿权具有物权属性，有担保的物权优先于普通债权。二是承包人在工程价款结算并偿付前，通常占有涉案工程，该占有对于不动产来说，虽非物权的表征，但参照相关司法解释的法理，占有对于非占有具有优先效力。三是虽然建设工程价款优先受偿权未予以登记，受让人不能从登记中得知工程上存在的物上负担，对受让人的保护涉及交易安全问题，但参照关于善意取得的法律规定及法理，在受让人尚未取得物权时，通常劣后于原权利人；而原权利人为发包人，此时又劣后于承包人，故承包人的权利应该受到优先保护，即承包人可以对涉案工程主张建设工程价款优先受偿权。当然，在工程尚未过户的情况下，承包人对工程享有建设工程价款优先受偿权，此时对于工程的转让款自然没有代位优先受偿保护的必要。在实际操作中，受让人可以在支付承包人工程价款时，涤除承包人的建设工程价款，从而实现过户权利的主张。

五、如何对征收补偿金、赔偿金、保险金行使建设工程价款优先受偿权

（一）建设工程价款优先受偿权对征收补偿金、赔偿金、保险金行使权利的定性

《民法典》第三百九十条规定："担保期间，担保财产毁损、灭失或者被征收等，担保物权人可以就获得的保险金、赔偿金或者补偿金等优先受偿。被担保债权的履行期限未届满的，也可以提存该保险金、赔偿金或者补偿金等。"

建设工程价款优先受偿权不管是认定为法定抵押权还是法定优先权，均优先于一般债权、抵押权等权利获得清偿。因此，其为从属性的权利、物权性质的权利，即为担保工程价款债权的存在而存在。这一性质决定建设工程价款优先受偿权人对标的物具有物上代位性。

担保物因灭失、毁损、征收而得受赔偿金、保险金、补偿金，该赔偿金、

保险金、补偿金成为担保物之代替物，担保物权人得就该代替物行使担保物权，谓之担保物权之物上代位性或代物担保性。此因担保物权乃在于对标的物交换价值之直接支配，故此种交换价值于现实化时，无论其原因为何，均应为担保物权效力所及。

（二）承包人有权对建设工程征收补偿金、赔偿金、保险金行使建设工程价款优先受偿权

以建设工程赔偿款为例，行使权利的要件如下。

（1）担保财产发生毁损或灭失。首先，担保财产的毁损。担保财产的形态发生根本性变化，不仅其交换价值减少，而且丧失其原使用价值，如作为担保财产的机床主要部件毁损但尚有残存物的情形。

其次，担保财产的灭失。其为绝对灭失，包括事实上的灭失与法律上的灭失。事实上的灭失是指担保财产的基本形态已不复存在，如担保财产被焚烧、房屋被拆除等。法律上的灭失是指虽然担保财产的基本形态尚存，但依据有关法律规定该担保财产不能再作为原权利的标的，如担保财产被国家征收等。相对灭失，是指其物理形态依然存在，仅价值发生替代，如担保财产被转让、出租等。

再次，《民法典》第四百零六条规定："抵押期间，抵押人可以转让抵押财产。当事人另有约定的，按照其约定。抵押财产转让的，抵押权不受影响。抵押人转让抵押财产的，应当及时通知抵押权人。抵押权人能够证明抵押财产转让可能损害抵押权的，可以请求抵押人将转让所得的价款向抵押权人提前清偿债务或者提存。转让的价款超过债权数额的部分归抵押人所有，不足部分由债务人清偿。"通说认为，在抵押权人同意的情况下，我国法律承认担保财产出售价款的物上代位。对于抵押财产出租的租金，《民法典》第四百一十二条规定债务人不履行到期债务或者发生当事人约定的实现抵押权的情形，致使抵押财产被人民法院依法扣押的，自扣押之日起，抵押权人有权收取该抵押财产的天然孳息与法定孳息。按该规定，抵押权的效力并非当然地及于抵押财产的孳息，而是须以对抵押财产采取扣押措施为前提，这与抵押权的价值权性是相符合的。抵押权的本质在于把握抵押财产

的交换价值，使用价值即收益权应归属于抵押人，抵押权的效力不应当然及于抵押财产的孳息。因此，应当排除抵押财产出租情况下租金请求权的物上代位。

（2）必须有代位物存在。若抵押财产发生灭失后并无代位物存在，则应认为抵押权因标的物的灭失而消灭，不发生物上代位问题。当物上代位的法定事由发生时，物上代位是否受抵押财产变形物的形态的制约？本书认为，《民法典》仅是对保险金、赔偿金、补偿金等几种具有代表性的代位物进行了列举，而未排除其他变形物作为物上代位的标的物。现实生活中，抵押财产灭失、毁损的变形物既可能是补偿金、保险金等金钱，亦可能是其他替代物，只要其体现了担保财产的交换价值并且是特定的，即可成为代位物。对此，最高人民法院的相关判决持肯定态度。

（3）代位物应为担保人所有。担保物权人所能支配的只是担保人所拥有的交换价值，若担保财产之代位物非担保人所有，则担保物权不能在该物上成立物上代位。在此，需要注意的是保险金的请求权。当抵押人以抵押财产与保险人订立保险契约，而受益人为第三人时，保险金的请求权为第三人所有。在这种情况下物上代位权能否发生应分两种情形区别对待：如果受益人的指定是在抵押权设立之前，则受益人所享有的保险金请求权不受抵押权影响，此项保险金不能作为抵押财产的代位物；如果受益人的指定是在抵押权设立之后，则抵押权人享有优先于受益人的保险金请求权，此项保险金即为抵押财产的代位物。

根据前述，建设工程被毁损、灭失、征收等，建设工程价款优先受偿权人享有物上代位权。追及力作用的终点是在标的物价值化之前，当抵押物已经转化为补偿金、赔偿金等时，追及力的功能便不能发挥，从而追及力无须行使也无从行使，此时，需要物上代位性加以救济。例如，在保险金、财产被征收，补偿金等已经取得的情况下，进行追及显然不现实，对此以代位行使，可周到、合理地保护建设工程价款优先受偿权人的利益。抵押权物上代位性与追及力共容是以物权公示制度为逻辑前提的，而且它们的共容也使物权公示制度得到彻底的贯彻。建设工程价款优先受偿权的物上代位性也可以与追及力共容，分别发生效力。

六、如何对建设工程的转让价款行使优先受偿权

（一）物上代位性

本书认为，鉴于作为建设工程价款优先受偿权标的的建设工程已经被转让，对于建设工程价款优先受偿权人最有利的保护方法则是对于转让价款的物上代位。而基于此物上代位，则分配得到此转让价款的人有义务以其所分得的价款为限承担向建设工程价款优先受偿权人的给付义务，建设工程价款优先受偿权对于工程转让价款可以实现物上代位，即承包人可以就发包人转让工程所得的价款优先于普通债权人、抵押权人等权利人而受偿。

通常，物上代位存在于担保物毁损、灭失情形下的价值替代物，即发包人物权的"绝对灭失"才产生物上代位问题，物的转让、出售，则是发包人物权的"相对灭失"。无论前者情形下物的权利转化为损害赔偿请求权、保险金的请求权，还是后者物的权利转化为转让补偿金的请求权，二者并无实质上的差别，都是物的价值的转化形式。承认建设工程价款优先受偿权可对工程转让价款行使物上代位，符合建设工程价款优先受偿权作为价值权、担保权的权利特性，不仅有利于发包人尽快通过转让工程获得资金，也有利于承包人实现工程价款受偿，有利于恰当平衡发包人、承包人、受让人三方的利益。

（二）有限追及力的观点

建设工程价款优先受偿权的法律性质为法定担保物权，就应该具有物权追及力，即权利始终附着在标的物上，不因标的物转移而丧失建设工程价款优先受偿权。建设工程价款优先受偿权的追及力并不因建设工程价款优先受偿权的成立而必然取得，承包人因积极主张产生公示效力后，建设工程价款优先受偿权应具备追及效力。具体理由如下。

第一，建设工程价款优先受偿权具有物权性，法律并未明确排除其追及力，作为一种具有担保物权性质的优先权，建设工程价款优先受偿权具有一定的追及效力，已为司法实务中多数意见认可。

第二，从性质上来看，追及权虽属于支配权，但从实现方式来看，追及

权又属于请求权。建设工程价款优先受偿权无须登记公示，并不能因建设工程价款优先受偿权的产生而必然取得，承包人利用现有法律制度和规则，通过公权力依法积极行使建设工程价款优先受偿权后，便取得了公示对抗效力，具备了物权法公示公信主义的法理基础，从而使得建设工程价款优先受偿权具备追及力。

第三，抵押权物上代位性与追及力共容是物权公示制度的逻辑前提，两者的共容也使物权公示制度得到最彻底的贯彻。建设工程价款优先受偿权经承包人依法行使产生公示对抗效力后，同样地基于物权公示制度的逻辑前提，其物上代位性与追及力亦可以共容、分别发生效力。

但是，《查封、扣押、冻结规定》第十七条和《执行异议和复议规定》第二十九条规定中涉及的房屋受让人为商品房消费者，其对房屋的债权属于建设工程价款优先受偿权法定的不可对抗的债权类型。权利顺位问题是立法者通过价值判断所做出的立法选择，在我国法律和司法解释已作明确规定的情形下，建设工程价款优先受偿权自成立后，无论承包人如何行使，均不可对抗商品房消费者或者特定被拆迁人，从而追及有关商品房或者补偿安置房。当然，这里所分得的价款部分原则上应该扣除建设用地使用权价值部分。

七、是否可以对已转让的建设工程行使建设工程价款优先受偿权

（一）建设工程转让类型

首先应明确购房主体的性质和过户登记的原因。就购房主体的性质而言，当分为消费者和非消费者两类；就过户登记的原因而言，可分为买卖和非买卖（如以物抵债）两种。就购房主体和过户登记原因结合的具体情形，大致分为四种：第一，消费者已经支付大部分或全部购房款而取得登记；第二，非消费者已经支付大部分或全部购房款而取得登记；第三，非消费者通过以物抵债方式取得登记；第四，消费者和非消费者与建设工程所有人不存在真实的交易关系，或者恶意串通取得登记，且以损害承包人的建设工程价款优先受偿权为目的。

（二）不同类型转让的追及力分析

针对以上四种情形，建设工程价款优先受偿权是否存在追及效力，具体

分析如下。

对于上述第一种情形，根据《最高人民法院关于商品房消费者权利保护问题的批复》第二条规定："商品房消费者以居住为目的购买房屋并已支付全部价款，主张其房屋交付请求权优先于建设工程价款优先受偿权、抵押权以及其他债权的，人民法院应当予以支持。只支付了部分价款的商品房消费者，在一审法庭辩论终结前已实际支付剩余价款的，可以适用前款规定。"该批复中，消费者享有对抗承包人的建设工程价款优先受偿权时并不需要以办理登记为要件，只需要交付全部或大部分款项即可，故此，满足上述条件且已办理完毕产权登记的消费者，当然可对抗承包人的建设工程价款优先受偿权。

对于上述第二、三、四种情形，因其并非《最高人民法院关于商品房消费者权利保护问题的批复》内容所涵盖，故实践中存在不同认识。上述两种情形的本质一致，即都是非消费者通过支付代价的方式获取了房屋的登记，且涉及的都是建设工程价款优先受偿权和登记物权之间的冲突。作为法定担保物权的一种，建设工程价款优先受偿权的追及效力如何，目前并无明确的法律规范，但本书认为可参考借鉴有关抵押权的规定，认定承包人仍享有追及效力。

（三）转让后是否过户对追及效力的影响

建设工程项目转让后，承包人应根据不同的情况来行使其建设工程价款优先受偿权。如建设工程项目转让并办理了过户手续，承包人既可以向工程项目的受让人主张建设工程价款优先受偿权，也可以向工程项目原发包人主张从其工程项目转让价款中优先受偿。如果工程项目虽然已经签订了转让协议或已经交付给了项目受让人，但未办理过户手续，承包人仍可以基于该工程项目主张建设工程价款优先受偿权，因为工程项目虽然已经转让，但工程项目的开发审批仍是由原发包人申请的，工程项目的物权未发生变动，对承包人而言，建设工程施工合同的发包人主体尚未发生变更，承包人仍可主张建设工程价款优先受偿权。

【相关规定链接】

《民法典》

第三百一十一条 无处分权人将不动产或者动产转让给受让人的，所有权人有权追回；除法律另有规定外，符合下列情形的，受让人取得该不动产或者动产的所有权：

（一）受让人受让该不动产或者动产时是善意；

（二）以合理的价格转让；

（三）转让的不动产或者动产依照法律规定应当登记的已经登记，不需要登记的已经交付给受让人。

受让人依据前款规定取得不动产或者动产的所有权的，原所有权人有权向无处分权人请求损害赔偿。

当事人善意取得其他物权的，参照适用前两款规定。

第三百一十三条 善意受让人取得动产后，该动产上的原有权利消灭。但是，善意受让人在受让时知道或者应当知道该权利的除外。

第三百九十条 担保期间，担保财产毁损、灭失或者被征收等，担保物权人可以就获得的保险金、赔偿金或者补偿金等优先受偿。被担保债权的履行期限未届满的，也可以提存该保险金、赔偿金或者补偿金等。

第四百零六条 抵押期间，抵押人可以转让抵押财产。当事人另有约定的，按照其约定。抵押财产转让的，抵押权不受影响。

抵押人转让抵押财产的，应当及时通知抵押权人。抵押权人能够证明抵押财产转让可能损害抵押权的，可以请求抵押人将转让所得的价款向抵押权人提前清偿债务或者提存。转让的价款超过债权数额的部分归抵押人所有，不足部分由债务人清偿。

第四百一十二条 债务人不履行到期债务或者发生当事人约定的实现抵押权的情形，致使抵押财产被人民法院依法扣押的，自扣押之日起，抵押权人有权收取该抵押财产的天然孳息或者法定孳息，但是抵押权人未通知应当清偿法定孳息义务人的除外。

前款规定的孳息应当先充抵收取孳息的费用。

第九章　放弃或限制建设工程价款优先受偿权的效力

　　放弃或限制建设工程价款优先受偿权的行为，原则上有效。但是，放弃或限制的行为损害建筑工人利益的，该行为无效。《施工合同解释（一）》第四十二条规定："发包人与承包人约定放弃或者限制建设工程价款优先受偿权，损害建筑工人利益，发包人根据该约定主张承包人不享有建设工程价款优先受偿权的，人民法院不予支持。"

一、《施工合同解释（一）》出台前，有关放弃或限制建设工程价款优先受偿权效力的观点

　　《施工合同解释（一）》出台前，关于建设工程价款优先受偿权是否可以放弃或限制，理论界和实务界存在三种观点，即有效说、无效说和区别对待说。

　　有效说认为，放弃或限制建设工程价款优先受偿权的行为有效。主要理由有四。第一，建设工程价款优先受偿权属于民事权利，基于民法的意思自治原则，建设工程价款优先受偿权可以限制或放弃。承包人作为理性的民事主体，对于限制和放弃该项权利的意义和后果有着合理的判断，因此法律不必过多干涉民事主体对自己权利的处分。第二，建设工程价款优先受偿权的设立目的之一是保障清偿建筑工人工资的优先性。因为建筑工人通过劳动创造建设工程的价值，将劳动物化在建设工程中，工人工资债权有着普通债权不可比拟的性质，所以要保障其优先清偿的效力。这样看来，建设工程价款优先受偿权与留置权有着很多相似之处，而关于留置权，根据《民法典》第四百四十九条的规定，当事人可以通过约定排除留置权的适用，那么与留置

权相似的建设工程价款优先受偿权也应当可以参照《民法典》第四百四十九条的规定，通过当事人的约定排除其适用。第三，建设工程价款优先受偿权只具有受偿顺序上的优先效力，放弃或限制建设工程价款优先受偿权并不意味着放弃债权本身。承包人放弃或限制建设工程价款优先受偿权后，该优先债权转变为普通债权，发包人仍应该清偿。第四，放弃或限制建设工程价款优先受偿权并不违反法律强制性规定。建设工程价款优先受偿权虽然是法定的优先权，但并未有法律、法规、司法解释规定不可以放弃或限制该项权利。

关于有效说的典型案例有最高人民法院（2016）最高法民终532号，该判决认为：以承诺书放弃建设工程价款优先受偿权是安泰公司的真实意思表示，不违反法律规定，合法有效。承包人放弃建设工程价款优先受偿权并不必然侵害承包人或建筑工人的合法权益，承包人或建筑工人的合法权益还可通过其他途径的保障予以实现。

无效说认为，即使承包人或实际施工人做出同意放弃或限制的意思表示，放弃或限制建设工程价款优先受偿权的行为也无效。理由有四点。第一，建设工程价款优先受偿权是基于法律规定产生的，属于法律强制性规定，当事人不能以约定的方式排除。第二，尽管建设工程价款优先受偿权属于民事权利，应遵循民法意思自治的基本原则，但意思自治也不是绝对的自由，应以不损害他人的合法权利和社会公共利益为前提。而建设工程价款优先受偿权往往涉及承包人的材料款和工人工资，材料款债权在一定程度上具有类似所有权人取回权的性质，工人工资债权则具有保障基本生存权的性质，放弃行为在一定程度上牺牲了材料款权利和工人工资权利，这明显损害了第三人的利益，违背了民法的诚实信用原则。第三，预先放弃建设工程价款优先受偿权违背了立法初衷。该项权利的设立是为了解决发包人拖欠承包人工资的问题，若允许承包人放弃或限制该项权利，则会使立法目的落空。第四，从当前建筑业市场来看，承包人往往处于弱势地位，有些承包人为了承揽工程，不得不接受发包人的要求，放弃或限制建设工程价款优先受偿权等。承包人同意对建设工程价款优先受偿权的预先放弃或限制往往不是其真实的意思表示，若法律不对放弃或限制该权利严格地限制，实质上是在帮助发包人压制承包人，使承包人的弱势地位进一步恶化。

区别对待说将放弃或限制建设工程价款优先受偿权的效力看作是两种利益的博弈，即民事主体的意思自治权和社会公共利益。该学说认为，放弃或限制建设工程价款优先受偿权的效力不能一概而论，要区别情况对待。若两种利益不发生冲突，则应尊重当事人的意思自治；若两种利益发生冲突，则应优先考虑保护公共利益。这是因为建设工程价款优先受偿权的立法目的就是维护社会公共利益。具体而言，放弃行为若损害了材料款和农民工工资等特定法益，则应属无效；但如果有一定的担保措施确保承包人工程价款的有效实现，则承包人放弃建设工程价款优先受偿权的行为可以认定为有效。

最高人民法院（2019）最高法民终588号判决认为：建设工程价款优先受偿权是法律赋予承包人的法定权利，属于具有担保性质的民事财产权利，权利人可以自由选择是否行使或放弃，但不能损害建筑工人利益，否则应为无效。在本案中，"放弃建设工程价款优先受偿权声明书"是旺朋公司的真实意思表示，不违反法律法规强制性规定，旺朋公司上诉称对远禾公司的财产进行拍卖并已分配，农民工的工资已发放，因此建筑工人的利益已经得到保障。旺朋公司再以损害建筑工人利益为由主张放弃无效，不予支持。

在《施工合同解释（一）》的出台过程中，各方的争议也较大。在《施工合同解释（二）》的征求意见稿中的表述为：承包人与发包人约定放弃建设工程价款优先受偿权或者限制建设工程价款优先受偿权行使后，又请求行使建设工程价款优先受偿权的，人民法院不予支持。《施工合同解释（二）》征求意见的过程中，有观点认为承包人在建筑市场中处于劣势地位，此规定容易损害承包人的利益。同时，建设工程价款优先受偿权的立法宗旨是保护农民工等建筑工人的利益。放弃或限制建设工程价款优先受偿权的行为，会直接导致农民工等建筑工人的利益受损，所以，建设工程价款优先受偿权不能放弃或限制。

在两种截然相反的观点下，最终《施工合同解释（一）》第四十二条规定："发包人与承包人约定放弃或者限制建设工程价款优先受偿权，损害建筑工人利益，发包人根据该约定主张承包人不享有建设工程价款优先受偿权的，人民法院不予支持。"

最高人民法院做出的（2019）最高法民终1951号民事判决书认为：《合

同法》第二百八十六条赋予承包人建设工程价款优先受偿权，重要目的在于保护建筑工人的利益。建设工程价款优先受偿权虽作为一种法定的优先权，但现行法律并未禁止放弃或限制该项优先权，且基于私法自治之原则，民事主体可依法对其享有的民事权利进行处分。《施工合同解释（二）》第二十三条规定："发包人与承包人约定放弃或者限制建设工程价款优先受偿权，损害建筑工人利益，发包人根据该约定主张承包人不享有建设工程价款优先受偿权的，人民法院不予支持。"该条款包含两层意思：一是承包人与发包人有权约定放弃或者限制建设工程价款优先受偿权；二是约定放弃或者限制建设工程价款优先受偿权不得损害建筑工人利益。在本案中，若还允许苏州凤凰公司基于意思自治放弃建设工程价款优先受偿权，必然使其整体清偿能力恶化影响正常地支付建筑工人工资，从而导致侵犯建筑工人利益。华融福建省分公司虽主张政府部门垫付的建筑工人工资已经通过执行款项得到了受偿，但是苏州凤凰公司取得相应执行款正是其行使建设工程价款优先受偿权的结果。一审法院认定《承诺书》中苏州凤凰公司放弃建设工程价款优先受偿权的相关条款因损害建筑工人利益而无效，并无错误。

二、承包人放弃或者限制建设工程价款优先受偿权的具体方式

（一）发包人与承包人约定放弃或限制建设工程价款优先受偿权的时间点

（1）承包人投标或签订合同时。发包人融资时，常以在建工程抵押，银行或其他金融机构为了保证其抵押权能够顺利实现，会在发包人招标或签订合同时，要求承包人放弃或限制建设工程价款优先受偿权作为放款的条件。

（2）承包人履行合同时。发包人在施工合同履行过程中，会出现资金紧张的情况，为了能够融资，也会在合同履行过程中要求承包人放弃或限制建设工程价款优先受偿权。

（3）承包人事后放弃或限制建设工程价款优先受偿权。工程完工或竣工后，建设工程价款优先受偿权成立之后，发包人要求承包人放弃或限制建设工程价款优先受偿权。

（二）发包人与承包人放弃或限制建设工程价款优先受偿权的方式

（1）发包人与承包人在建设工程施工合同中一并约定放弃或限制建设工程价款优先受偿权。

（2）发包人与承包人签订专门的合同，约定放弃或限制建设工程价款优先受偿权。

（3）承包人向发包人出具单方承诺，承诺放弃或限制建设工程价款优先受偿权。

（4）承包人与发包人、第三方（银行等）签订三方协议，或者承包人与第三方（银行等）签订协议，或者承包人向第三方（银行等）出具的承诺，承诺放弃或限制建设工程价款优先受偿权的，也应视为《施工合同解释（一）》第四十二条调整的对象。

三、承包人放弃或限制建设工程价款优先受偿的具体情形

（1）承包人针对特定债权人的特定债权放弃建设工程价款优先受偿权。承包人针对特定债权人的特定债权放弃建设工程价款优先受偿权，其放弃的对象和内容具体明确，除此之外，并不影响承包人对其他债权人及特定债权之外的其他债权人或其他权利人行使建设工程价款优先受偿权。

（2）承包人针对特定债权人放弃建设工程价款优先受偿权。承包人针对特定债权人概括性放弃建设工程价款优先受偿权，则不管此前或此后产生的债权，该特定债权人的所有债权均优先于承包人受偿。

（3）承包人针对不特定债权人概括性放弃建设工程价款优先受偿权。承包人针对不特定债权人概括性放弃建设工程价款优先受偿权，此时承包人不再享有建设工程价款优先受偿权。

（4）承包人仅针对特定债权人放弃行使建设工程价款优先受偿权的顺位，并未放弃建设工程价款优先受偿权。如果承包人仅针对特定债权人放弃行使建设工程价款优先受偿权的顺位，除了该顺位的债权之外，并不影响承包人继续行使建设工程价款优先受偿权。

（5）承包人仅针对部分工程放弃建设工程价款优先受偿权。如承包人仅针对部分工程放弃建设工程价款优先受偿权，并不影响承包人对其他工程行使建设工程价款优先受偿权。

四、承包人针对特定债权放弃建设工程价款优先受偿权时，特殊的矛盾情形

如果承包人针对普通债权人放弃建设工程价款优先受偿权，此时抵押权人的债权劣后于承包人建设工程价款优先受偿权相对应的债权，同时优先于被放弃的建设工程价款优先受偿权所针对的普通债权，承包人建设工程价款优先受偿权相对应的债权又劣后于被放弃建设工程价款优先受偿权所针对的普通债权，形成循环套的矛盾。工程实务中应避免出现这种矛盾的情形，如果确实出现，应按照不损害在先权利人利益的原则，认定承包人对其表述不明的放弃行为承担不利的后果，抵押权优先于被放弃建设工程价款优先受偿权所针对的普通债权，被放弃建设工程价款优先受偿权所针对的普通债权优先于承包人建设工程价款优先受偿权相对应的债权。

五、如何认定放弃或者限制建设工程价款优先受偿权是否"损害建筑工人利益"

最高人民法院民事审判第一庭编著的《最高人民法院建设工程施工合同司法解释（二）理解与适用》认为对于"损害建筑工人利益"的判断，应以承包人的资产负债情况为依据。如果承包人与发包人约定放弃或限制建设工程价款优先受偿权，导致其工程价款债权不能实现，进而造成其资产负债状况恶化，以至于不能支付建筑工人的工资，就属于"损害建筑工人利益"。

由于承包人与发包人约定放弃或限制建设工程价款优先受偿权的行为在先，而损害结果发生在后。所以，放弃或限制建设工程价款优先受偿权是否必然侵害建筑工人的合法权益，应该区分情况来看。

（1）如果承包人在投标时、签订合同时以及合同履行过程中放弃或限制建设工程价款优先受偿权，发包人提供了切实可靠的替代性担保，即承包人的债权能够通过其他方式得以清偿，那么此时应当允许承包人自由处分其权

利。比如，发包人已向承包人提供有效的银行保函，或是银行、发包人、承包人三方达成关于发包人以在建工程抵押给银行，银行贷款直接支付给承包人等。

（2）如果承包人在事后放弃或限制建设工程价款优先受偿权，发包人提供了其他形式的对价补偿，且该补偿能够支付建筑工人工资的，那么应当允许承包人放弃或限制建设工程价款优先受偿权。

（3）如果在承包人放弃或限制建设工程价款优先受偿权时，发包人未提供切实可靠的替代性担保以及未提供对价补偿，那么承包人的放弃或限制行为有可能会损害到建筑工人的利益。这时候就需要综合考虑承包人的资产负债情况或者资金流，同时还需要考虑损害建筑工人利益的程度，即未支付的工人工资的多少。不能仅以承包人存在个别欠薪行为，就认定损害建筑工人利益，进而认定该行为无效。

（4）承包人的净资产为负值时，放弃或限制建设工程价款优先受偿权是否当然损害建筑工人利益？承包人的净资产为负值，表明承包人的经营状况严重恶化，但并不一定没有可供执行的财产，并不一定导致建筑工人的工资债权无法实现，并不能当然认定为损害建筑工人利益。

（5）承包人的资产虽然巨大，但不具有流动性，不可变现，放弃或限制建设工程价款优先受偿权是否当然损害建筑工人利益？承包人的资产虽然巨大，但不具有流动性，不可变现，此时就可能导致建筑工人的工资债权无法实现，至少是暂时无法实现，从而可能现实地损害到建筑工人的利益，应当认定其放弃或限制建设工程价款优先受偿权的行为损害了建筑工人的利益。

（6）承包人破产且拖欠建筑工人工资的情形下，应当认定放弃或限制建设工程价款优先受偿权当然损害建筑工人利益。在最高人民法院审理的（2019）最高法民终1951号案件中，承包人因放弃或限制建设工程价款优先受偿权导致不能向建筑工人支付工资，政府代为垫付后，仍然发生破产，该情形下，应认定放弃或限制建设工程价款优先受偿权当然损害建筑工人利益。

（7）认定限制或放弃建设工程价款优先受偿权，是否损害建筑工人利益，还应当考虑发包人的资产状况。如果发包人除了建设工程之外的其他资产足以支付承包人拖欠的建筑工人工资，且较容易变现执行时，也不应当认定为损害建筑工人利益。

（8）在处理是否损害建筑工人利益时，应当从宽认定，更大程度地维护建筑工人利益。放弃或限制建设工程价款优先受偿权是否损害建筑工人利益，是一个非常具体、政策性非常强、非常务实的问题，具体司法实践中应从宽认定，只要在主张建设工程价款优先受偿权时，仍存在拖欠建筑工人工资的事实，就应当在案件审理过程保障建筑工人的工资权益，维护社会稳定，这也回归了建设工程价款优先受偿权制度设立的初衷。如果不能在审理过程中兑现的，一般就认定为损害建筑工人利益。

（9）承包人主张的建设工程价款债权数额明显大于拖欠的建筑工人工资数额，可以仅在拖欠的建筑工人工资数额范围内，否定放弃或限制建设工程价款优先受偿权行为的效力；超出拖欠的建筑工人工资数额范围的部分，仍肯定放弃或限制建设工程价款优先受偿权的行为效力。

（10）建筑工人的范围也宜从宽认定。建筑工人不仅包括一线的工人，也应当包括工程现场管理人员，不能仅从字面理解"建筑工人"。

六、避免承包人为了追求放弃或限制建设工程价款优先受偿权无效的后果，恶意拖欠建筑工人工资

承包人在主张放弃或限制行为无效时，根据"谁主张，谁举证"的原则，应由其举证证明该放弃或限制行为损害了建筑工人的利益。但是，如果承包人为了使该放弃或限制行为无效，从而恶意拖欠建筑工人工资，将会导致案件所产生的社会效果与立法本意相悖。所以，对于承包人恶意拖欠工资的，法院应不予支持以维护建筑市场的诚信，尽可能地减少对当事人意思自治的介入和侵害。

【相关规定链接】

1.《民法典》

第四百四十九条 法律规定或者当事人约定不得留置的动产，不得留置。

2.《施工合同解释（一）》

第四十二条 发包人与承包人约定放弃或者限制建设工程价款优先受偿权，损害建筑工人利益，发包人根据该约定主张承包人不享有建设工程价款优先受偿权的，人民法院不予支持。

第十章　建设工程价款优先
受偿权的行使顺位

一、平行发包模式下，各承包人的行使顺位

平行发包是指业主将建设工程的设计、施工以及材料设备采购的任务经过分解分别发包给若干个设计单位、施工单位和材料设备供应单位，并分别与各方签订合同。各设计单位之间的关系是平行的，各施工单位之间的关系也是平行的，各材料设备供应单位之间的关系也是平行的。

一般情况下，同一建设工程只有一个承包人，优先权的主体也只有一个。但实践中，同一工程经常存在多个施工单位。在这种情况下，就不可避免地在同一工程上出现多个施工主体，也就出现了多个优先权主体。如此，一旦发生工程价款的拖欠，尤其是该工程严重贬值或可供执行部分不足以抵偿工程价款时，优先权之间就有了冲突。

依据《民法典》《建筑法》和《施工合同解释（一）》的规定，发包人可以与总承包人订立建设工程合同，发包人不得将应当由一个承包人完成的建设工程肢解成若干部分发包给几个承包人，承包人转包、违法分包建设工程或者没有资质的实际施工人借用有资质的建筑施工企业名义与他人签订建设工程施工合同的行为无效。因此，一般情况下，同一个工程上只存在一个承包人。但鉴于前述法律同时规定了大型建设工程或者结构复杂的建设工程，可以由两个以上的承包单位联合共同承包，所以建设工程总承包单位可以将承包工程中的部分工程发包给具有相应资质的分包单位，如分包土建、水电、装修装饰等。因此，在共同承包和专业分包的情况下，就会出现多个承包人。

在司法实践中，还存在着大量的转包、违法分包、借用资质、中途撤场进场等情况。因此，一个工程上存在多个承包人的情况时有发生，各个承包人之间亦存在优先权冲突的可能性，从而导致权利顺位问题。

关于同一工程上多个建设工程价款优先受偿权之间的权利顺位问题，理论界和实务界有以下几种观点。

（一）按照各承包人的债权比例平等受偿

该观点主张，建设工程价款优先受偿权制度的核心内容之一是对建筑工人劳动工资的保护。由于建设工程在变现时出现贱卖现象，承包人只能收回部分的工程价款，如果按照"时序先后决定次序先后"的一般原则，则对后续施工的工人造成不公平，亦违反了优先权制度保障劳动者薪酬权益的立法宗旨。因此，对于优先权顺位可以采用有约定的按约定处理，无约定的，基于优先权产生的基础、指向对象的一致、工程价款的构成成分平等，按照各承包人的债权比例对工程价款的优先受偿权进行清偿。

（二）按照建设工程价款优先受偿权成立的时间顺序受偿

该观点主张，建设工程价款优先受偿权的性质属于法定抵押权，具有物权的优先效力。物权优先效力的本质是对标的物的直接支配权，先成立，则先支配，对于并存于建设工程上的数个优先权，先成立的先予受偿。该观点亦符合抵押权确立的"时序先后决定次序先后"一般原则。

（二）保存标的物价值的工程价款债权应更为优先

如果不存在保存标的物价值的工程价款债权的，则按照工程价款比例平等受偿。这一理论的依据是借助于《海商法》第二十一条中的船舶优先权制度。按照这一制度，后发生的海难救助费优先于船员工资、先发生的海难救助费。这是基于海难救助的特殊性，没有后续的救助就不会有现有价值的保存，所以《海商法》做出了这一规定。这一标准在理论上似乎更合理，但实务中对于后发生的工程价款债权是否属于保存标的物价值的债权，难以认定。

（四）在先保全人优先受偿

《民诉法解释》第五百一十四条规定："当事人不同意移送破产或者被执行人住所地人民法院不受理破产案件的，执行法院就执行变价所得财产，在扣除执行费用及清偿优先受偿的债权后，对于普通债权，按照财产保全和执行中查封、扣押、冻结财产的先后顺序清偿。"由于多个承包人的建设工程价款优先受偿权利顺位平等，按先保全先得的规则，由在先保全人优先受偿，符合上述解释的逻辑。

本书同意第一种观点，且认为建设工程价款优先受偿权涉及施工工人的工资，属于施工工人的生存权范畴，平行发包中各优先权人的工人工资生存权应当平等，各债权人应按债权比例平等受偿。

二、建设工程价款优先受偿权人与商品房买受人的权利行使顺位

（一）消费者的物权期待权优先于建设工程价款优先受偿权

当同一建设工程上负担着多个债权时，抵押权优先于一般债权，建设工程价款优先受偿权优先于抵押权和其他一般债权。当建设工程价款优先受偿权与消费者的物权期待权发生权利冲突时，本书认为，应遵循现行法律规范的规定，消费者的物权期待权优先于建设工程价款优先受偿权，但须满足特定的条件。

《执行异议和复议规定》第二十九条规定，"金钱债权执行中，买受人对登记在被执行的房地产开发企业名下的商品房提出异议，符合下列情形且其权利能够排除执行的，人民法院应予支持：（一）在人民法院查封之前已签订合法有效的书面买卖合同；（二）所购商品房系用于居住且买受人名下无其他用于居住的房屋；（三）已支付的价款超过合同约定总价款的百分之五十。"《九民会议纪要》第一百二十五条【案外人系商品房消费者】规定："实践中，商品房消费者向房地产开发企业购买商品房，往往没有及时办理房地产过户手续。房地产开发企业因欠债而被强制执行，人民法院在对尚登记在房地产开发企业名下但已出卖给消费者的商品房采取执行措施时，商品房消费者往往会提出执行异议，以排除强制执行。对此，《最高人民法院关于人民法院办理执行异议和复议案件若干问题的规定》第29条规定，符合下列情形的，应当支持商品房消费者的诉讼请求：一是在人民法院查封之前已签订合法有效的书面买卖合同；二是所购商品房系用于居住且买受人名下无其他用于居住的房屋；三是已支付的价款超过合同约定总价款的百分之

五十。人民法院在审理执行异议之诉案件时，可参照适用此条款。问题是，对于其中'所购商品房系用于居住且买受人名下无其他用于居住的房屋'如何理解，审判实践中掌握的标准不一。'买受人名下无其他用于居住的房屋'，可以理解为在案涉房屋同一设区的市或者县级市范围内商品房消费者名下没有用于居住的房屋。商品房消费者名下虽然已有1套房屋，但购买的房屋在面积上仍然属于满足基本居住需要的，可以理解为符合该规定的精神。对于其中'已支付的价款超过合同约定总价款的百分之五十'如何理解，审判实践中掌握的标准也不一致。如果商品房消费者支付的价款接近于百分之五十，且已按照合同约定将剩余价款支付给申请执行人或者按照人民法院的要求交付执行的，可以理解为符合该规定的精神。"第一百二十六条【商品房消费者的权利与抵押权的关系】规定："根据《最高人民法院关于建设工程价款优先受偿权问题的批复》第1条、第2条的规定，交付全部或者大部分款项的商品房消费者的权利优先于抵押权人的抵押权，故抵押权人申请执行登记在房地产开发企业名下但已销售给消费者的商品房，消费者提出执行异议的，人民法院依法予以支持。但应当特别注意的是，此情况是针对实践中存在的商品房预售不规范现象为保护消费者生存权而做出的例外规定，必须严格把握条件，避免扩大范围，以免动摇抵押权具有优先性的基本原则。因此，这里的商品房消费者应当仅限于符合本纪要第125条规定的商品房消费者。买受人不是本纪要第125条规定的商品房消费者，而是一般的房屋买卖合同的买受人，不适用上述处理规则。"第一百二十七条【除商品房消费者之外的一般买受人】规定，"金钱债权执行中，商品房消费者之外的一般买受人对登记在被执行人名下的不动产提出异议，请求排除执行的，《最高人民法院关于人民法院办理执行异议和复议案件若干问题的规定》第28条规定，符合下列情形的依法予以支持：一是在人民法院查封之前已签订合法有效的书面买卖合同；二是在人民法院查封之前已合法占有该不动产；三是已支付全部价款，或者已按照合同约定支付部分价款且将剩余价款按照人民法院的要求交付执行；四是非因买受人自身原因未办理过户登记。人民法院在审理执行异议之诉案件时，可参照适用此条款。实践中，对于该规定的前3个条件，理解并无分歧。对于其中的第4个条件，理解不一致。一般而言，买受人只要有向房屋登记机构递交过户登记材料，或向出卖人提出了办理过户登记的请求等积极行为的，可以认为符合该条件。买受人无上述积极行为，其未办理过户登记有合理的客观理由的，亦可认定符合该条件。"

由此可见，现行法律规定的是，消费者的物权期待权优先于建设工程价款优先受偿权，更优先于抵押权和其他债权，但须满足特定的条件。

1. 商品房买受人是消费者

《消费者权益保护法》第二条将"为生活消费需要购买、使用商品或者接受服务"的行为界定为消费者的消费行为。根据这一规定，消费者就是指为满足生活需要而购买、使用商品或接受服务的，由国家专门法律确认其主体地位和保护其消费权益的个人。

司法实践中，法院在判定商品房买受人是否享有优先权时，首先要看其购买该商品房是否用于个人居住使用。只有在商品房买受人是消费者时其物权期待权才优先于建设工程价款优先受偿权受偿，而超出生活需要所购买的房屋，商品房买受人不优先于建设工程价款优先受偿权人受偿。

在社会实践中，主流观点认为消费者应为也只能为自然人，而法人或者组织不属于消费者。在此，本书认为，只有在消费者为自然人时其才能够对抗承包人建设工程价款优先受偿权，法人或者其他组织无权对工程承包人的建设工程价款优先受偿权提出异议。

2. 所购房屋系用于居住，且仅有一套房屋

《九民会议纪要》提出，所购房屋系用于居住，且在同一设区的市或县仅有一套房屋。第二套房屋也系满足基本居住需要的，可以认定为仅有一套房屋。

3. 商品房买受人支付了购买商品房的全部或者大部分款项

《九民会议纪要》提出，商品房买受人支付了购买商品房的全部或者大部分款项的，一般是指超过购房款的50%（包括贷款），或者接近50%，且同意将剩余购房款交付法院。

《沈阳市中级人民法院关于审理房地产案件若干问题的处理意见（之一）》中规定消费者支付购买商品房的全部或者大部分购房款项后，承包人就该商品房工程价款的优先受偿权不得对抗买受人。这里大部分购房款原则上要超过全部购房款的50%。

4. 如果买受人购买的商品房为商铺，是否优先于承包人的建设工程价款优先受偿权受偿呢？

第一种观点认为：买受人购买商铺，优先于承包人的建设工程价款优先受偿权。理由有二。第一，出于保护弱者的目的。自然人处于弱势地位，《最高人民法院关于建设工程价款优先受偿权问题的批复》（已失效）其目的也是优先保护消费者的权益，并且消费者购买的商铺亦属于商品房的范围，应予以保护。第二，对于购买商铺是否属于生活消费，从逻辑上很难认定。购房人购买的商品房虽然为商铺，但有可能是用了一家人全部的存款所购买的，并且购房人也有居住的可能，或者部分房间用于居住。另外，有一部分的购房者购买的商铺仅仅有几十平方米或者十几平方米，虽然用于做生意，但这却是一家人生活生存的唯一经济来源。因此，对是否属于生活消费，不应进行审查。也就是说，只要购买该商品房的主体为自然人，就有权对于行使建设工程价款优先受偿权的承包人提出异议。

第二种观点认为：买受人购买商铺，不能优先于承包人的建设工程价款优先受偿权。他们认为购房人购买的商品房为商铺，主要还是通过投资经营的方法进而获取更多的经济利益，而并不只是为了满足基本的生活需求。

（2016）皖18民初71号判决书认为：张某某作为普通农村居民，购买一套面积仅有17.31平方米的商品房，该商品房且属商铺，具有一定的经营属性，但该商品房的价值及所预期的经营收益承载了对张某某及其家人的生存保障功能，该购房行为仍属普通消费购房范畴。张某某及其家人就该商品房及所付购房款具有生存利益，在破产债权清偿中应予优先保障。但本书认为，若购房者购买的商品房为商铺，原则上其不享有优先于建设工程价款优先受偿权的权利。

5. 商品房买受人请求权应优先行使的考量因素

商品房买受人请求权是指商品房买受人基于合法有效的商品房买卖合同而享有的请求商品房开发商交付商品房的权利。商品房买受人请求权实际上是一种债权请求权，不具有排他性。这种权利的基础是普通债权，并不具备特定的唯一性，与针对该房屋的其他的普通债权是平等的。因此，仅仅依据商品房买卖合同，商品房买受人请求权并不具备优先于其他债权而受到保护的性质。

商品房买受人请求权之所以能够在特定条件下，优先于建设工程价款优先受偿权，本书认为，是法律基于生存权利优先于其他权利的考量。我们知道，生存权利是宪法保护的权利，对我们解决私法问题也是具有指导作用的。商品房买受人购买房屋用于个人居住使用的情况下，关乎其生存利益，因此其权利应得到优先保护。即便是《民法典》中规定物权优先于债权，但这里是为保护众多个体的生存利益，本书认为，应突破一般原则。

（二）商品房买受人请求权与建设工程价款优先受偿权的冲突产生的原因

关于商品房买受人请求权与建设工程价款优先受偿权产生冲突的原因，本书认为可以归为两点：第一，因发包人不能按时、足额支付工程价款而导致冲突发生；第二，因商品房预售制度而导致两种权利发生冲突。

根据《民法典》第八百零七条的规定，发包人没有按照约定按时足额支付工程价款，是建设工程价款优先受偿权行使的前提。且可以优先受偿的部分是施工材料以及工人工资等，实际为承包人的成本。这是法律为了保障农民工的权益及承包人的利益，规定承包人可以就其施工的建设工程主张优先于其他抵押权和债权获得给付。

商品房买卖是非常常见的一种社会行为，大量的民事主体通过支付定金或是价款，购买尚未建成的房屋。商品房预售制度就是为了推动房地产市场更好地发展。但这些房屋尚未建成，依据《民法典》的相关规定，其并没有实际的物权，不能办理登记，商品房买受人此时也不享有不动产物权。商品房买受人只能依据商品房买卖合同享有针对商品房出卖人的债权。

上述两点原因就导致商品房买受人请求权与建设工程价款优先受偿权发生了冲突。

综上所述，本书认为消费者对其所购买的商品房享有物权期待权，相比建设工程承包人依据《民法典》第八百零七条而享有的建设工程价款优先受偿权，以及商业银行因向开发商贷款而对在建工程设定的抵押权，均应优先得到保护。

三、建设工程价款优先受偿权与商品房买受人的返还购房款请求权的行使顺位

建设工程价款优先受偿权与商品房买受人的返还购房款请求权同时存在时，哪个优先呢？在期房买卖中，商品房买受人的返还购房款请求权作为一种债权，与其他金钱债权产生执行竞合时，其本身并没有优先性；与抵押权产生执行竞合时，更不能对抗抵押权。但是很多购房人购买商品房，是为了满足生活居住的需求，倾其所有的存款，更有大部分人在银行分期贷款购房，背负着几十年的债务。如果商品房买受人的返还购房款请求权得不到保障，就很可能危及这些购房人的生存。

本书认为，商品房买受人的返还购房款请求权与消费者的物权期待权之间构成物上代位的法律性质，优先满足商品房买受人的物权期待权与满足商品房买受人的返还购房款请求权具有同等的价值和功能，其本质上是消费者物权期待权的物上代位，应当予以同等的优先满足。同时，商品房买受人的返还购房款请求权也应当符合消费者物权期待权行使的条件，即消费者、唯一居住用房，支付 50% 以上的价款。

四、建设工程价款优先受偿权与抵押权的行使顺位

《施工合同解释（一）》第三十六条规定："承包人根据民法典第八百零七条规定享有的建设工程价款优先受偿权优于抵押权和其他债权。"

现行司法解释已明文规定了建设工程价款优先受偿权优先于抵押权和其他债权。但对于为什么建设工程价款优先受偿权优于抵押权，仍存在一些不同观点。

第一种观点认为，建设工程价款优先受偿权并没有经过登记，没有实行公示，因此第三人很难知道，而一般抵押权大多经过了登记，所以根据《民法典》第四百一十四条的规定，已登记的抵押物优先于未登记的受偿，故此当二者发生冲突时，应当由一般抵押权优先受偿。

第二种观点认为，建设工程价款优先受偿权应当优先于一般抵押权受偿，因为根据民法原理，法定权利优先于约定权利。

第三种观点认为，建设工程价款优先受偿权与一般抵押权应由设立在先者受到优先保护。

上述第二种观点为现行司法观点，既有法理支撑，又有学理支撑。本书认为，司法解释规定建设工程价款优先受偿权优先于抵押权的主要原因是，建设过程一般是一个抵押物增值的过程，承包人的工程价款总额一般远远低于建设工程建成后的价值，承包人行使建设工程价款优先受偿权可以认定为是对自己创造的增值部分行使权利，一般不会损害在先的抵押权。

另外，根据民法的相关理论，在约定抵押权与法定抵押权并存时，无论约定抵押权发生在前还是在后，法定抵押权均优先于约定抵押权行使。承包人的建设工程价款优先受偿权是法律为了保护承包人的利益而特别赋予其的一项权利，具有保护劳动者利益和鼓励建筑、创造社会财富的政策目的。同时，在工程建设期间，承包人前期会投入大量的垫资，且通常建设工程价款中的相当一部分是建筑工人的劳动报酬和其他劳务费用，应予以优先确保，这也符合劳动法保护劳动者利益的宗旨。因此，若允许约定抵押权优先受偿，就无异于将发包人的债务转嫁于承包人，有违公平合理及诚实信用的原则。除此之外，即使是出于保护劳动者的基本生存权的目的，法律赋予承包人建设工程价款优先受偿权也确有必要。

在司法实务中，遇有承包人建设工程价款优先受偿权与抵押权相冲突时，应当适用《施工合同解释（一）》第三十六条的规定，认定承包人的建设工程价款优先受偿权优先于抵押权。

除此之外，虽然在同一标的物上同时存在一般抵押权和建设工程价款优先受偿权时，享有建设工程价款优先受偿权的承包人可优先于抵押权人受偿，但这并不代表抵押权人在承包人实现建设工程价款优先受偿权时只能坐以待毙，不能有任何作为。例如，若承包人的建设工程价款优先受偿权并未成立或者其以不合理的价格拍卖、变卖建设工程，那么这将对抵押权人享有的抵押权产生侵害，此时，抵押权人则可主张撤销承包人的上述行为或者要求其赔偿损失。

五、建设工程价款优先受偿权与以房抵债的债权人之间的权利行使顺位

（一）以房抵债的法律性质分析

近年来，随着市场经济的进一步繁荣发展，民商事活动更加多样复杂，实践中采取以房抵债的方式解决债务问题的现象日渐增多，反映到司法层面，呈现出案件数量剧增的态势。尽管以房抵债纠纷呈剧增态势，但综观我国现行法律并未设定以房抵债，概念法学中也没有以房抵债的概念及制度体系。江苏省高级人民法院曾对以物抵债进行了较为系统全面的梳理，明确以物抵债是指债务人与债权人约定以债务人或经第三人同意的第三人所有的财产折价归债权人所有，用以清偿债务。

目前实践中，"以房抵债"的情形比较常见，有的是民间借贷与房屋买卖法律关系相交织，有的是在债务履行期限届满前双方签订"以房抵债"协议，有的是在债务履行期限届满后签订"以房抵债"协议，还有的是在债务履行期限届满后双方签订房屋买卖合同等。"以房抵债"的问题非常复杂，既涉及法律关系性质的认定问题，又涉及让与担保、流押禁止等问题，更牵涉到虚假诉讼的认定问题。在审判实务中的"以房抵债"，大体可分为两种情形，一种是当事人双方之间已就"以房抵债"达成了协议，且已经办理了房屋过户手续，符合德国、日本民法和我国台湾地区相关规定所说的代物清偿；另一种是只有双方当事人就"以房抵债"达成了一致意见，没有办理房屋过户手续，也没有现实地交付房屋。从纠纷的数量看，后一种情形又占绝大多数。

关于"以房抵债"的法律性质，存在两种不同观点。

第一种观点认为，"以房抵债"是代物清偿。债权人与债务人之间存在金钱债务，双方约定以特定物替代原金钱债务的清偿。该种替代履行债务的方式称为以物抵债。一般情形下，当事人设定以物抵债的目的是及时还清债务，当然具有强制履行的效力。法院不得以"未交付抵债物"为由否定以物抵债合同的诺成效力。

代物清偿是指债权人受领债务人提出的他种给付以代替原定给付，并使

原债消灭的有偿要物契约。我国台湾地区对此也有明确的规定。由于《民法典》对此类合同没有做出明确规定，这表明它为非典型合同。有观点认为，"以房抵债"协议应参照我国台湾地区关于代物清偿的构成要件和法律效果的有关理论，确定为实践性合同，如果当事人在债务清偿期届满后达成"以房抵债"协议并已经办理了产权转移手续，该协议成立并生效，对当事人双方具有法律约束力。典型案例是最高人民法院（2016）最高法民申2800号。

该种观点的优点是能够一定程度地保护第三人合法权益和交易安全；缺点是对债权人的保护力度不够。如前所述，实践中产生争议的很大一部分是达成的"以房抵债"协议，因为合同没有得到实际履行，此时，如果按照"以房抵债"协议为实践性合同的观点，在没有完成物权变动的情况下，"以房抵债"协议尚未生效，对债务人不具有拘束力，债权人只能按照原债务向债务人主张，这与鼓励交易的原则不相符合，也不恰当地削弱了意思自治原则的功效。

第二种观点认为，"以房抵债"是债务更新。该观点认为以物抵债协议并不必须为实践性合同，对于没有完成他种给付的，实际上更符合新债清偿（原债和新债并存）的特征。在现行法律没有明确规定的情况下，应充分尊重当事人意思自治，将之解释为诺成性合同并非没有空间。房屋所有权是否完成变动，房屋是否交付仅涉及债是否已经获得清偿的问题，不应影响"以房抵债"协议的生效。以下是几个典型判决。

最高人民法院（2015）民申字第385号判决书认为：在我国现行法上，无专门针对以物抵债协议的规定，属于无名合同。在法律适用上，无名合同首先应适用与其目的和性质最相接近的有名合同的规范，同时合同法总则的规范也应适用。案涉《房地产买卖契约》在性质和功能上与买卖合同最为接近，在法律无明确规定和当事人无例外约定的情况下，合同自双方合意达成之时即成立并生效，宫某某有权请求万洲公司履行该协议所约定的义务。万洲公司主张该协议为实践性合同，未实际履行前合同不具有法律效力的主张，无法律依据，不能成立。

最高人民法院（2015）民一终字第308号判决书认为：《还款协议书》

在性质上系以物抵债，从约定来看，双方以案涉房产偿还债务的约定虽然具有担保债权实现的功能，但如果华城公司未在上述期限内清偿债务，则转让房产与汕头潮阳公司的意思表示即应产生效果。该意思表示应该拘束双方。同时，以物抵债协议为诺成性合同，如果债务人尚未履行，债权人当然有请求继续履行的权利。

本书赞同第二种观点，理由如下。

第一，现行法律没有明文规定代物清偿，没有明确其构成要件及相应法律效果，在法律既没有明确其构成要件及相应的法律效果，也没有明确其为实践性还是诺成性的情况下，不宜硬套其他国家或地区关于代物清偿的规则及理论，削足适履，而更应关注现实交易模式、当事人自主的交易安排和经济社会发展的需要，从更有利于实现当事人的合法权益以及尽可能地贯彻意思自治的原则理念出发，援用诚实信用和公平原则予以裁判。

第二，从合同的发展趋势来看，实践性合同在类型方面呈逐渐减少的趋势，在强调意思主义的背景下尤其如此，合同法的基本立场也是诺成性为原则，实践性为例外，既然合同法没有将代物清偿作为典型实践性合同予以规定，那么没必要受制于境外立法例关于要物合同的窠臼。

第三，维护债权人利益是民法特别是合同法的重要价值取向，"以房抵债"协议一般是债务人难以完成金钱的付后签订，在现有社会经济环境下，房屋相对来说是较为优良的资产，能够最大限度地满足债权人利益，债权人一般也倾向合同给抵债协议诉请，而不愿再主张原债务。

第四，对于可能存在的债务人与某一债权人恶意串通损害其他债权人利益的"以房抵债"协议，可以通过其他法律制度，比如可以通过合同无效制度、债权人撤销权制度、第三人执行异议之诉以及案外人申请再审等予以规制，没有必要因噎废食。一项法律制度也不可能完美地解决一个纠纷中的所有问题。《九民会议纪要》对于"以房抵债"协议的性质问题没有明确规定，只是从正面明确对完成产权变更手续的"以房抵债"协议，当事人没有正当理由不能主张无效或可变更、可撤销，但不能因此得出"以房抵债"协议没有完成产权变更手续即不发生效力的结论，毕竟合同不生效与合同无效是不同层次的概念。

（二）关于"以房抵债"的现行司法观点

依据《九民会议纪要》第四十四条、第四十五条的规定，"以房抵债"协议，区分履行期限届满前和履行期限届满后，对于不同情况分别处理。履行期限届满前达成"以房抵债"协议，抵债房屋尚未过户的，债权人仅能按原债权债务关系主张权利，无权请求房屋过户。履行期限届满后达成的"以房抵债"协议，抵债房屋尚未过户的，债权人有权请求房屋过户。

（三）建设工程价款优先受偿权人与抵债房屋权利人的权利冲突

《民法典》第四百零六条第一款规定："抵押期间，抵押人可以转让抵押财产。当事人另有约定的，按照其约定。抵押财产转让的，抵押权不受影响。"如果房屋作为抵押物，抵押人"以房抵债"，其后果与抵押人转让抵押财产相当，即抵押财产转让后，抵押权不受影响，抵押权人仍然可以对抵债房屋行使抵押权。依据《施工合同解释（一）》第三十六条的规定，建设工程价款优先受偿权优先于抵押权受偿，举重以明轻，"以房抵债"后，抵押权人尚可以对抵债房屋继续行使抵押权，比抵押权更优先受偿的建设工程价款优先受偿权人更应当有权对抵债房屋行使建设工程价款优先受偿权。

【相关规定链接】

1.《民法典》

第四百一十四条 同一财产向两个以上债权人抵押的，拍卖、变卖抵押财产所得的价款依照下列规定清偿：

（一）抵押权已经登记的，按照登记的时间先后确定清偿顺序；

（二）抵押权已经登记的先于未登记的受偿；

（三）抵押权未登记的，按照债权比例清偿。

其他可以登记的担保物权，清偿顺序参照适用前款规定。

2.《消费者权益保护法》

第二条 消费者为生活消费需要购买、使用商品或者接受服务，其权益受本法保护；本法未作规定的，受其他有关法律、法规保护。

3.《施工合同解释（一）》

第三十六条 承包人根据民法典第八百零七条规定享有的建设工程价款优先受偿权优于抵押权和其他债权。

4.《民诉法解释》

第五百一十四条 当事人不同意移送破产或者被执行人住所地人民法院不受理破产案件的，执行法院就执行变价所得财产，在扣除执行费用及清偿优先受偿的债权后，对于普通债权，按照财产保全和执行中查封、扣押、冻结财产的先后顺序清偿。

5.《执行异议和复议规定》

第二十九条 金钱债权执行中，买受人对登记在被执行的房地产开发企业名下的商品房提出异议，符合下列情形且其权利能够排除执行的，人民法院应予支持：

（一）在人民法院查封之前已签订合法有效的书面买卖合同；

（二）所购商品房系用于居住且买受人名下无其他用于居住的房屋；

（三）已支付的价款超过合同约定总价款的百分之五十。

第十一章　执行程序中如何主张和行使建设工程价款优先受偿权

一、在建设工程作为被执行标的物的执行程序中，主张建设工程价款优先受偿权并申请参与分配，是建设工程价款优先受偿权人主张和行使建设工程价款优先受偿权的正当途径

《民诉法解释》第五百零六条规定："被执行人为公民或者其他组织，在执行程序开始后，被执行人的其他已经取得执行依据的债权人发现被执行人的财产不能清偿所有债权的，可以向人民法院申请参与分配。对人民法院查封、扣押、冻结的财产有优先权、担保物权的债权人，可以直接申请参与分配，主张优先受偿权。"第五百一十四条规定："当事人不同意移送破产或者被执行人住所地人民法院不受理破产案件的，执行法院就执行变价所得财产，在扣除执行费用及清偿优先受偿的债权后，对于普通债权，按照财产保全和执行中查封、扣押、冻结财产的先后顺序清偿。"

依据上述规定，在被执行人为公民或其他组织的情形下，建设工程价款优先受偿权人不管是否取得执行依据，均可以在建设工程作为被执行标的物的执行程序中，主张建设工程价款优先受偿权并申请参与分配。在被执行人为企业法人的情形下，建设工程价款优先受偿权对应的建设工程价款债权，属于优先受偿的债权，应当在执行变价所得的财产中优先受偿，因此建设工程价款优先受偿权人，也可以主张该权利并申请参与分配。

依据《民诉法解释》第五百零七条第一款规定："申请参与分配，申请人应当提交申请书。申请书应当写明参与分配和被执行人不能清偿所有债权

的事实、理由，并附有执行依据。"申请参与分配，应当提交参与分配申请书并附有执行依据，并应当在执行程序开始后，被执行的财产执行终结前提出。

最高人民法院（2019）最高法民申 3207 号裁定书明确了建设工程价款优先受偿权的基础权源从本质上属于债权，只是相对于普通债权而言具有优先性而已，因此该权利并不足以排除强制执行，也不应作为当事人提起案外人执行异议之诉的权利基础。建设工程价款优先受偿权属于法定优先权，承包人可以申请参与到执行程序中，主张对执行标的物享有优先受偿权。

二、建设工程价款优先受偿权人不服执行分配方案，有权对执行分配方案提出执行异议

《民诉法解释》第五百零九条规定："多个债权人对执行财产申请参与分配的，执行法院应当制作财产分配方案，并送达各债权人和被执行人。债权人或者被执行人对分配方案有异议的，应当自收到分配方案之日起十五日内向执行法院提出书面异议。"

建设工程价款优先受偿权人提出主张建设工程价款优先受偿权并参与分配的申请后，执行法院应当制作财产分配方案，如果在财产分配方案中，未支持建设工程价款优先受偿权，建设工程价款优先受偿权人应当依法在收到分配方案之日起十五日内对执行分配方案提出执行异议，要求执行法院修正执行分配方案。

三、其他债权人或被执行人对建设工程价款优先受偿权人的执行异议提出反对意见，建设工程价款优先受偿权人有权对执行分配方案提出执行异议之诉

《民诉法解释》第五百一十条第一款、第二款规定："债权人或者被执行人对分配方案提出书面异议的，执行法院应当通知未提出异议的债权人、被执行人。未提出异议的债权人、被执行人自收到通知之日起十五日内未提出反对意见的，执行法院依异议人的意见对分配方案审查修正后进行分配；提出反对意见的，应当通知异议人。异议人可以自收到通知之日起十五日内，

以提出反对意见的债权人、被执行人为被告，向执行法院提起诉讼；异议人逾期未提起诉讼的，执行法院按照原分配方案进行分配。"建设工程价款优先受偿权人对执行分配方案提出执行异议之后，可能有两种后果：一种是其他债权人和被执行人未对异议提出反对意见，按执行异议内容对执行分配方案修正后执行；另一种是债权人和被执行人对异议提出反对意见，法定程序要求建设工程价款优先受偿权人对执行分配方案提起执行异议之诉。

四、在对执行分配方案的执行异议之诉中，能否对建设工程价款优先受偿权是否存在及其数额进行审查

《民诉法解释》第三百一十条规定，"对案外人提起的执行异议之诉，人民法院经审理，按照下列情形分别处理：（一）案外人就执行标的享有足以排除强制执行的民事权益的，判决不得执行该执行标的；（二）案外人就执行标的不享有足以排除强制执行的民事权益的，判决驳回诉讼请求。案外人同时提出确认其权利的诉讼请求的，人民法院可以在判决中一并作出裁判。"

对执行分配方案的执行异议之诉，应当适用上述规定，可以在执行异议程序中同时提出确认是否享有建设工程价款优先受偿权的诉讼请求，人民法院应当一并对建设工程价款优先受偿权是否存在及其数额进行审查，做出裁判。

五、建设工程系发包人其他债权人执行标的情形下，承包人能否直接提出执行异议

（一）建设工程价款优先权人，无权直接依据《民事诉讼法》第二百三十四条提出排除执行异议

依据《民事诉讼法》第二百三十二条和第二百三十四条之规定，执行异议分为，对执行措施提出的异议即执行行为的异议，以及对执行标的的异议即排除执行异议。无论将建设工程价款优先受偿权的性质归属为法定抵押权还是法定优先权，均不能改变建设工程价款优先受偿权属于债权的本质属性，因此建设工程价款优先受偿权本质上是债权优先权，是对建设工程拍卖、变卖价款优先受偿的权利。建设工程被查封、拍卖并不必然侵害承包人的合法

权益，承包人建设工程价款优先受偿权享有的取得拍卖、变卖价款优先受偿的顺位关系并不会改变。因此，在建设工程系发包人其他债权人执行标的的情形下，享有建设工程价款优先受偿权的承包人，若依据《民事诉讼法》第二百三十四条提出排除执行异议，没有法律依据。

（二）建设工程价款优先受偿权人直接提出执行行为异议的具体情形

在建设工程系发包人其他债权人执行标的情形下，本书认为享有建设工程价款优先受偿权的承包人，可以对法院的特定执行措施行为提出异议。对承包人权利影响最大的执行行为就是处置标的物的执行行为。处置标的物的主要结果是变现或以物抵债，执行法院的财产分配方案裁定及以物抵债裁定，可能侵害享有建设工程价款优先受偿权的承包人的合法权益。因此，在建设工程系发包人其他债权人执行标的情形下，享有建设工程价款优先受偿权的承包人，有权对以物抵债裁定提出执行行为异议。

享有建设工程价款优先受偿权的承包人对"以物抵债"裁定提出执行异议的法律依据如下。《民诉法解释》第四百八十九条规定："经申请执行人和被执行人同意，且不损害其他债权人合法权益和社会公共利益的，人民法院可以不经拍卖、变卖，直接将被执行人的财产作价交申请执行人抵偿债务。对剩余债务，被执行人应当继续清偿。"第四百九十条规定："被执行人的财产无法拍卖或者变卖的，经申请执行人同意，且不损害其他债权人合法权益和社会公共利益的，人民法院可以将该项财产作价后交付申请执行人抵偿债务，或者交付申请执行人管理；申请执行人拒绝接收或者管理的，退回被执行人。"这两条将以物抵债分为两种情形：未经拍卖、变卖的，经申请执行人和被执行人同意以物抵债；无法拍卖或者变卖的，经申请执行人同意以物抵债。但这两种"以物抵债"的法律前提条件相同，即不损害其他债权人合法权益和社会公共利益。在建设工程上存在建设工程价款优先受偿权的情形下，这种以物抵债裁定，直接导致建设工程价款优先受偿权无法实现，损害了建设工程价款优先受偿人的合法权利。据此，本书认为，享有建设工程价款优先受偿权的承包人，可以"以物抵债"裁定损害其享有的建设工程价款优先受偿权为由，对"以物抵债"裁定提出执行异议。

六、承包人是否取得建设工程价款优先受偿权的生效法律文书，对其主张和行使建设工程价款优先受偿权的影响

承包人在执行程序中行使建设工程价款优先受偿权，按承包人是否取得确认建设工程价款优先受偿权生效的法律文书，可分为以下两种情形。

（一）承包人已取得确认建设工程价款优先受偿权生效的法律文书，在执行程序中主张建设工程价款优先受偿权的情形

《民诉法解释》第四百八十四条规定："对被执行的财产，人民法院非经查封、扣押、冻结不得处分。对银行存款等各类可以直接扣划的财产，人民法院的扣划裁定同时具有冻结的法律效力。"因此，承包人在执行程序中主张建设工程价款优先受偿权，首先应申请查封建设工程价款优先受偿权对应的标的物，此时可能是首封，亦可能是轮候查封。

对于首封的情形，在执行过程中常出现的是承包人建设工程价款优先受偿权与其他民事主体权利冲突纠纷。对于该类权利冲突，《执行异议和复议规定》第二十七条规定："申请执行人对执行标的依法享有对抗案外人的担保物权等优先受偿权，人民法院对案外人提出的排除执行异议不予支持，但法律、司法解释另有规定的除外。"

对于轮候查封的情形，承包人主张建设工程价款优先受偿权，应当在执行程序中通过参与分配的方式主张权利或者对执行终结措施提出执行行为异议。

系轮候查封的主要原因是：发包人在项目建设过程中，对外进行债权融资，该类债权融资到期时间通常早于工程竣工时间，而建设工程价款优先受偿权的形成时间通常是在工程竣工或建设工程施工合同解除后。此时发包人的其他债权人已先行提起诉讼并申请保全查封建设工程，进而导致承包人无法实现首封。

（二）承包人的建设工程价款优先受偿权未经生效法律文书确认，在执行程序中主张建设工程价款优先受偿权情形

（1）关于在执行程序中未经生效法律文书确认的建设工程价款优先受偿

权，能否在执行程序中主张的问题。承包人的建设工程价款优先受偿权未经生效法律文书确认，分为两种情形：一是承包人取得了确认建设工程价款生效的判决书或调解书，但判决书或调解书未确认工程价款的优先受偿权（驳回工程价款的优先受偿权除外）；二是承包人建设工程施工合同纠纷尚未涉诉或已经诉讼尚未做出生效法律文书。

《民诉法解释》第五百零六条第二款规定："对人民法院查封、扣押、冻结的财产有优先权、担保物权的债权人，可以直接申请参与分配，主张优先受偿权。"该条规定中的"申请参与分配"建设工程价款优先受偿权的主体，并没有排除未取得执行依据的优先权主体。因此，承包人的建设工程价款优先受偿权未经生效法律文书确认，径行在执行程序中主张不存在法律适用障碍。

另外，《调解书未写明优先权的复函》明确建设工程价款优先受偿权是一种法定优先权，无需当事人另外予以明示。据此，建设工程价款优先受偿权具有法定优先权性质，即使承包人生效判决书或调解书未确认建设工程价款优先受偿权，亦不影响承包人在执行程序中主张建设工程价款优先受偿权。执行法院应当对承包人主张的建设工程价款优先受偿权是否符合法定期限要求及范围做出审查。

正如信阳市中级人民法院（2016）豫03执异187号民事裁定，认可了承包人没有取得建设工程价款优先受偿权的法律文书的情形下，承包人可以在执行程序中主张建设工程价款优先受偿权，人民法院可以依法审查。

（2）建设工程价款优先受偿权人在执行程序中提出未经生效法律文书确认的建设工程价款优先受偿权主张，人民法院应当告知其另案起诉，并预留争议债权金额相应的款项。在执行程序中，承包人主张的建设工程价款优先受偿权未经司法确认，执行法院是否应对承包人主张的建设工程价款优先受偿权是否成立以及金额予以审查？执行的效率性与审查（理）、确认建设工程价款优先受偿权耗时较长如何平衡？这是司法实践无法回避的问题。

对于前述问题，最高人民法院（2019）最高法执监359号[①]裁定书认为，当承包人在执行程序中提出享有建设工程价款优先受偿权的主张时，执行法院应予充分关注并先行审查，在拍卖、抵债或者分配程序中依法保护其合法权益。如果其尚未取得建设工程价款优先受偿权的执行依据，通过审查建设工程施工合同等证据仍无法确定建设工程价款优先受偿权范围的，可以告知承包人尽快通过诉讼程序取得建设工程价款优先受偿权的执行依据。虽然承包人关于建设工程价款优先受偿权的主张并不能阻止执行程序的继续推进，但执行法院在处置该执行标的前，应对承包人的建设工程价款予以预留。

本书认为，承包人主张的建设工程价款优先受偿权属于实质审理事项，执行程序中，执行法官无权对承包人主张的建设工程价款优先受偿权是否成立做出司法判断，按照审执分离原则，应告知承包人另案提起诉讼，同时为保护承包人合法民事权利，可参照《民诉法解释》第五百一十条第三款"诉讼期间进行分配的，执行法院应当提存与争议债权数额相应的款项"之规定，在执行标的处置后预留相应的金额以保护承包人合法民事权利。

另外，由《民法典》第八百零七条的规定可知，承包人与发包人协议将建设工程折价是实现建设工程价款优先受偿权的法定方式。若执行过程中，承包人向执行法院提交了建设工程折价协议，承包人实质是主张建设工程或对应的房屋属于其财产，认为法院的执行侵害了其合法权益，承包人主张建设工程价款优先受偿权目的是排除执行，本书认为此种情形应当按照《民事诉讼法》第二百三十四条予以审查，承包人或申请执行人对法院做出的执行异议裁定不服的，可提起执行异议之诉。

---

① 主要观点：若邯郸市中级人民法院确实无法在执行程序中确定双维集团是否享有建设工程价款优先受偿权以及范围，至少在做出以物抵债裁定前，先行对双维集团的工程价款做出预留，待双维集团通过诉讼途径明确建设工程价款优先受偿权的范围后予以分配，而非不顾双维集团的建设工程价款优先受偿权，径直将执行标的抵债给申请执行人。之后，双维集团取得建设工程价款优先受偿权的执行依据并提出异议复议申请，但河北两级法院又以做出以物抵债裁定之前，双维集团未提供相应证据为由驳回其异议复议申请，剥夺了双维集团通过执行程序依法主张建设工程价款优先受偿权的权利，应予纠正。

七、建设工程价款优先受偿权人，未在建设工程的执行程序终结前申请参与分配，对执行终结程序提出执行行为异议的救济措施

建设工程价款优先受偿权是法定优先权，不需要登记，致使承包人即使对建设工程采取查封保全措施，也无法对外彰显其债权是具有优先受偿性质的特殊债权。在这种情况下，若承包人未向首封法院申请参与分配，则首封法院可能径行处置标的物，并终结执行程序。因此，在承包人系轮候查封的情形下，向首封法院申请参与分配时，可能会面临《执行异议和复议规定》第六条规定"当事人、利害关系人依照民事诉讼法第二百二十五条规定提出执行异议的，应当在执行程序终结之前提出，但对终结执行措施提出异议的除外"的法律障碍，由此导致承包人的建设工程价款优先受偿权无法行使。为扭转这一不利局面，承包人可通过对终结执行措施提出异议的救济措施争取合法权益，分述如下。

第一，根据《执行异议和复议规定》第六条规定，利害关系人有权对法院终结执行措施提出异议。《最高人民法院关于对人民法院终结执行行为提出执行异议期限问题的批复》规定："当事人、利害关系人依照民事诉讼法第二百二十五条规定对终结执行行为提出异议的，应当自收到终结执行法律文书之日起六十日内提出；未收到法律文书的，应当自知道或者应当知道人民法院终结执行之日起六十日内提出。批复发布前终结执行的，自批复发布之日起六十日内提出。超出该期限提出执行异议的，人民法院不予受理。"因此，在首封法院已处置建设工程并已终结执行的情况下，承包人可以在知道或者应当知道首封法院终结执行之日起六十日内提出执行异议。

第二，承包人依据前述规定提出执行异议，涉及的另一个法律问题是，承包人是否具备法律规定的有权提起执行异议"利害关系人"身份。关于"利害关系人"，根据《执行异议和复议规定》第五条规定，包括：认为人民法院的执行行为违法，妨碍其轮候查封、扣押、冻结的债权受偿的；认为人民法院的拍卖措施违法，妨碍其参与公平竞价的；认为人民法院的拍卖、变卖或者以物抵债措施违法，侵害其对执行标的的优先购买权的；认为人民法院要求协助执行的事项超出其协助范围或者违反法律规定的；认为其他合法

权益受到人民法院违法执行行为侵害的。

对于这五种情形，承包人可以"认为人民法院的执行行为违法，妨碍其轮候查封、扣押、冻结的债权受偿"为由，主张其是"利害关系人"有权提出执行异议。这是因为，首先，承包人债权是轮候查封债权；其次，承包人享有建设工程价款优先受偿权，处置建设工程是承包人实现建设工程价款优先受偿权的主要途径，因此建设工程处置与承包人具有利害关系。

第三，对于首封法院"执行行为违法"的认定。按处置结果分为两种情形：一是标的物流拍，债权人接受以物抵债清偿全部债权，首封法院在此基础上做出以物抵债裁定，并终结执行；二是标的物拍卖或变卖成功，债权人实现全部债权，首封法院终结执行。以上两种情形均未考虑承包人的建设工程价款优先受偿权。

对于第一种情况，首封法院"终结执行措施"对应的往往是以物抵债执行行为，并且法院做出"以物抵债裁定""终结执行通知"往往是在同一时间或时间间隔很近，客观上承包人无法在执行程序终结前对"以物抵债裁定"提出执行异议。因此，承包人对"终结执行措施"提出异议，本质上是对以物抵债这一执行行为提出的异议，但承包人应一并对终结执行及其执行行为提出异议。

对于首封法院的"终结执行措施"（即"终结执行措施"对应的以物抵债执行行为）是否违法，承包人可以《民诉法解释》第四百九十条规定为法律依据，主张首封法院以物抵债裁定及在此基础上做出的执行终结裁定，损害其他债权人合法权益（即以物抵债裁定损害其建设工程价款优先受偿权）。

对于第二种情况，承包人可以《拍卖、变卖规定》第十一条"人民法院应当在拍卖五日前以书面或者其他能够确认收悉的适当方式，通知当事人和已知的担保物权人、优先购买权人或者其他优先权人于拍卖日到场"为由，主张执行法院执行行为违法。

该条规定拍卖前执行法院应向"已知的担保物权人、优先购买权人或者其他优先权人"发出通知，对于如何确定"已知的担保物权人、优先购买权人或者其他优先权人"，法律没有做出明确规定。本书认为，执行标的物存在轮候查封的情况下，法院应主动地、审慎地调查执行标的物是否存在"担保物权人、优先购买权人或者其他优先权人"。建设工程价款优先受偿权是法定优先权，无须公示；建设工程领域发包人拖欠承包人工程价款的现象大量存在；承包人是执行标的轮候查封债权人。在此情况下，执行法院仅需向轮候法院发函即可了解待处置的执行标的是否负担优先权；若首封法院仅以不动产登记机构的登记信息来判断执行标的物是否存在优先权主体，因建设工程价款优先受偿权无须公示，则其判断标准显然不周延，并且还可能产生在执行过程中，架空法律保护建设工程价款优先受偿权的法律制度。因此，在建设工程及其对应的房屋作为执行标的时，若执行法院没有调查标的物是否负担建设工程价款优先受偿权而进行拍卖，本书认为构成执行行为违法。

综上所述，在标的物被首封法院拍卖、变卖或通过以物抵债方式，全部清偿给其他债权人的情形下，本书认为，承包人应当通过对首封法院提出终结执行措施执行异议的方式，申请撤销终结执行并恢复执行，进而申请参与执行分配，维护自身的合法权益。

八、建设工程价款优先受偿权人，对人民法院已经对建设工程作出以物抵债裁定的救济措施

司法实践中，存在建设工程价款优先受偿权人没有及时主张建设工程价款优先受偿权，或者已经提出主张，但人民法院不予理睬，直接对涉案工程做出以物抵债裁定的情形。对此，建设工程价款优先受偿权人，可以依据《民事诉讼法》第一百三十二条、《执行异议和复议规定》第七条对人民法院做出以物抵债裁定的执行行为提出执行异议，认为该执行行为违法，损害其合法权益。洛阳市中级人民法院（2016）豫03执异187号①民事裁定，是该种情形的典型案例。

---

① 主要观点：红日公司作为工程承包人，在发包人红东方公司未依照合同约定支付工程款的情况下，依法可以主张其享有建设工程价款优先受偿权，虽然三门峡市中级人民法院作出的确认红日公司在欠付工程款20 510 582.16元的范围内对8号楼及地下车库享有优先受偿权的（2015）三民初字第00056号民事二审判决被河南省高级人民法院裁定，"就8#楼及地下车库工程价款优先受偿权部分发回三门峡中院重审"，但在重审期间，红日公司是否享有工程价款优先受偿权及享有优先权的数额，属于效力待定，故对涉案15套房产应暂缓处置，在此情况下将涉案15套房产以物抵债给只享有普通债权的债权人肖某宝不当，应予纠正，故红日公司申请撤销（2015）洛执字第268－1号执行裁定书，予以支持。

九、对于有经营性收入但不适宜拍卖或折价的建设工程，对发包人经营性收入，承包人是否享有建设工程价款优先受偿权

根据《民法典》第八百零七条的规定，承包人对"不宜折价、拍卖"的建设工程不享有建设工程价款优先受偿权。但是建设工程性质不宜折价、拍卖，不等于建设工程没有经营价值和收入，该类经营收入是建设工程财产价值的体现，并且该类经营收入可以作为发包人财产用于质押借款或执行。

对于建设工程经营收入，最高人民法院在（2016）民申 1281 号民事裁定书中认为：因涉案工程为公路建设工程，属于特殊建设工程，无法直接拍卖或折价，该工程的主要经济价值即体现在其通行费用上，故将其收益即年票补偿款作为建设工程价款优先受偿权的行为对象符合实际情况。再审申请人江门中行（发包人的其他债权人）认为涉案公路年票补偿款不属于建设工程价款优先受偿权的对象的申请理由不成立。最高人民法院该裁定书对司法实践具有重大指引作用，即不宜折价、拍卖的建设工程，其经营收入可以作为建设工程价款优先受偿权的对象。对于此类建设工程，承包人在主张工程价款的同时，应一并对其经营收入提出建设工程价款优先受偿权。

【相关规定链接】

1.《民事诉讼法》

第二百三十四条　执行过程中，案外人对执行标的提出书面异议的，人民法院应当自收到书面异议之日起十五日内审查，理由成立的，裁定中止对该标的的执行；理由不成立的，裁定驳回。案外人、当事人对裁定不服，认为原判决、裁定错误的，依照审判监督程序办理；与原判决、裁定无关的，可以自裁定送达之日起十五日内向人民法院提起诉讼。

2.《民诉法解释》

第四百八十四条　对被执行的财产，人民法院非经查封、扣押、冻结不得处分。对银行存款等各类可以直接扣划的财产，人民法院的扣划裁定同时具有冻结的法律效力。

第四百八十九条 经申请执行人和被执行人同意，且不损害其他债权人合法权益和社会公共利益的，人民法院可以不经拍卖、变卖，直接将被执行人的财产作价交申请执行人抵偿债务。对剩余债务，被执行人应当继续清偿。

第四百九十条 被执行人的财产无法拍卖或者变卖的，经申请执行人同意，且不损害其他债权人合法权益和社会公共利益的，人民法院可以将该项财产作价后交付申请执行人抵偿债务，或者交付申请执行人管理；申请执行人拒绝接收或者管理的，退回被执行人。

第五百零六条第二款 对人民法院查封、扣押、冻结的财产有优先权、担保物权的债权人，可以直接申请参与分配，主张优先受偿权。

第五百零七条 申请参与分配，申请人应当提交申请书。申请书应当写明参与分配和被执行人不能清偿所有债权的事实、理由，并附有执行依据。

参与分配申请应当在执行程序开始后，被执行人的财产执行终结前提出。

第五百零九条 多个债权人对执行财产申请参与分配的，执行法院应当制作财产分配方案，并送达各债权人和被执行人。债权人或者被执行人对分配方案有异议的，应当自收到分配方案之日起十五日内向执行法院提出书面异议。

第五百一十条第二款 诉讼期间进行分配的，执行法院应当提存与争议债权数额相应的款项。

第五百一十四条 当事人不同意将案件移送破产或者被执行人住所地人民法院不受理破产案件的，执行法院就执行变价所得财产，扣除相关费用及清偿优先受偿的债权后，对于普通债权，按照财产保全和执行中查封、扣押、冻结财产的先后顺序清偿。

3.《执行异议和复议规定》

第五条 有下列情形之一的，当事人以外的公民、法人和非法人组织，可以作为利害关系人提出执行行为异议：

（一）认为人民法院的执行行为违法，妨碍其轮候查封、扣押、冻结的债权受偿的；

（二）认为人民法院的拍卖措施违法，妨碍其参与公平竞价的；

（三）认为人民法院的拍卖、变卖或者以物抵债措施违法，侵害其对执行标的的优先购买权的；

（四）认为人民法院要求协助执行的事项超出其协助范围或者违反法律规定的；

（五）认为其他合法权益受到人民法院违法执行行为侵害的。

第六条　当事人、利害关系人依照民事诉讼法第二百二十五条规定提出异议的，应当在执行程序终结之前提出，但对终结执行措施提出异议的除外。

案外人依照民事诉讼法第二百二十七条规定提出异议的，应当在异议指向的执行标的执行终结之前提出；执行标的由当事人受让的，应当在执行程序终结之前提出。

4.《最高人民法院关于对人民法院终结执行行为提出执行异议期限问题的批复》

……　……

当事人、利害关系人依照民事诉讼法第二百二十五条规定对终结执行行为提出异议的，应当自收到终结执行法律文书之日起六十日内提出；未收到法律文书的，应当自知道或者应当知道人民法院终结执行之日起六十日内提出。批复发布前终结执行的，自批复发布之日起六十日内提出。超出该期限提出执行异议的，人民法院不予受理。

……　……

5.《拍卖、变卖规定》

第十一条　人民法院应当在拍卖五日前以书面或者其他能够确认收悉的适当方式，通知当事人和已知的担保物权人、优先购买权人或者其他优先权人于拍卖日到场。

优先购买权人经通知未到场的，视为放弃优先购买权。

第十二章　破产程序中的建设工程
价款优先受偿权

破产程序中，尤其是房地产企业破产程序中，债权人类型较多，债权人受偿顺序不同，直接影响到债权人的受偿金额。特别是建设工程价款优先受偿权，因属法定优先权，优先于抵押权和其他债权。因此，建设工程的价款是否享有法定优先权，对承包人至关重要，有必要掌握建设工程价款优先受偿权的申报程序、审定机关、已完工交付建设工程的处置方法等内容。

一、破产程序中的建设工程价款优先受偿权，由破产管理人进行审查，并报债权人会议核查表决，由人民法院裁定确认或判决认定

（1）建设工程价款优先受偿权从属于建设工程价款债权，管理人对债权人申报的建设工程价款优先受偿权可以审查，并制作债权表。在《企业破产法》第二十五条规定的总计九项管理人职责中，没有赋予管理人对申报债权审查、认定的权利。管理人对债权人申报债权的审查权，规定在《企业破产法》第四十八条和第五十七条中。《企业破产法》第四十八条第一款规定："债权人应当在人民法院确定的债权申报期限内向管理人申报债权。"第五十七条第一款规定："管理人收到债权申报材料后，应当登记造册，对申报的债权进行审查，并编制债权表。"以上规定说明，接收债权申报资料、对债权人申报的债权进行审查，制作债权表，既是管理人的法定权利，也是法定义务。

（2）债权人会议对债权表所记载的包括建设工程价款优先受偿权在内的

申报债权进行核查表决。根据我国破产法律的相关规定，破产管理人是指破产案件中，在法院的指挥和监督之下全面接管破产财产，并负责对其进行保管、清理、估价、处理和分配，具有相对独立性和中立的负有法定职权和职责的特殊专业机构。管理人的这一法律地位，决定了管理人不享有对债权的审定权，而是接收债权申报资料，进行审查，制作债权表，从而为债权人会议核查表决提供基础资料。

《企业破产法》第五十八条第一款规定："依照本法第五十七条规定编制的债权表，应当提交第一次债权人会议核查。"债权人会议按照法律规定，对债权表记载的包括"建设工程价款优先受偿权"在内的债权内容享有核查权。

（3）破产程序中的建设工程价款优先受偿权的最终认定机关为人民法院。人民法院审定包括"建设工程价款优先受偿权"在内的债权有两种方式：一是《企业破产法》第五十八条第二款规定的"债务人、债权人对债权表记载的债权无异议的，由人民法院裁定确认"；二是《企业破产法》第五十八条第三款规定的"债务人、债权人对债权表记载的债权有异议的，可以向受理破产申请的人民法院提起诉讼"。总之，建设工程价款优先受偿权作为申报债权的内容之一，最终认定机关为人民法院，管理人没有认定权。

（4）建设工程价款优先受偿权，虽有物权属性，系法定权利，不需要经人民法院确认即享有，但在破产程序中，建设工程价款优先受偿权并非可以不经债权人会议核查确认，而由破产管理人径行审查确认。（2018）最高法民再84号①一案中，最高人民法院确立了"承包人享有的建设工程价款优先受偿权系法定权利，不需要经法院确认即享有"的裁判观点。但主要强调的

---

① 主要观点：本案所涉溪谷雅苑项目工程于2013年6月7日竣工，金冠源公司未按照合同约定与昆明二建公司进行结算。昆明二建公司与金冠源公司协商以溪谷雅苑项目房产折抵部分工程价款，并于2013年11月26日向金冠源公司发出催告函，要求金冠源公司尽快结算并声明享有建设工程价款优先受偿权。而金冠源公司也于2013年11月28日向昆明二建公司出具协商意见，表示会在两个月内进行结算，并认可昆明二建公司对溪谷雅苑小区工程享有建设工程价款优先受偿权。昆明二建公司行使案涉建设工程价款优先受偿权，符合《最高人民法院建设工程价款优先受偿权问题批复》第四条关于"建设工程承包人行使优先受偿权的期限为六个月，自建设工程竣工之日或者建设工程合同约定的竣工之日起计算"之规定。

为建设工程价款优先受偿权不经法院确认即成立，不以诉讼确认作为特殊的成立条件。在破产程序中，建设工程价款优先受偿权仍然需要同抵押权等权利一样，依照破产程序进行申报，并由债权人会议核查确认，而不是由破产管理人单独审查确认。

（5）破产案件司法实务中，各地法院的规范性文件，也明确管理人对建设工程价款优先受偿权有审查权，最终由人民法院裁定确认或判决认定。如《重庆市高级人民法院关于审理破产案件法律适用问题的解答》第七条规定："管理人可否对债权人是否享有建设工程价款优先受偿权进行审查？答：根据企业破产法第五十七条的规定，对申报的债权进行审查是管理人的职责之一，因此对于债权人申报债权时主张的建设工程价款优先受偿权是否成立，管理人应当进行审查，审查结果应在债权表中载明并提交第一次债权人会议核查。债务人、债权人有异议的，可以向受理破产案件的人民法院提起破产债权确认诉讼。"

二、破产程序中建设工程价款优先受偿权的重要性及行使方式

（1）根据法律规定，不论是债务人申请破产还是债权人申请债务人破产，人民法院裁定受理破产的条件为债务人不能清偿债务且资不抵债，或债务人不能清偿债务且明显缺乏清偿能力。所以，一旦人民法院裁定受理破产，则证明债务人的全部财产确定不能抵偿债务。

从多破产案件中，普通债权的受偿比例一般利为20%，个别破产案件在实现优先权、担保物权、破产费用、共益债务等非普通债权后，普通债权基本没有可分配的破产财产。建设工程价款能否享有优先权，建设工程价款优先受偿权与其他优先权、破产费用、共益债务、其他破产债权的法律关系，特别是受偿顺序，对承包人尤为重要。

根据法律规定，建设工程价款优先受偿权，系法定优先权，一旦被人民法院裁定确认，则不但优于"对破产人的特定财产享有担保权的权利人"的债权，更优于破产费用、共益债务和其他破产债权得到清偿。

《民法典》第八百零七条规定："……建设工程的价款就该工程折价或者拍卖的价款优先受偿。"《施工合同解释（一）》第三十六条规定："承包人

根据民法典第八百零七条规定享有的建设工程价款优先受偿权优于抵押权和其他债权。"这里的抵押权是指《企业破产法》第一百零九条规定的"对破产人的特定财产享有担保权的权利人，对该特定财产享有优先受偿的权利"。《最高人民法院关于适用〈中华人民共和国企业破产法〉若干问题的规定（二）》第三条第二款规定："对债务人的特定财产在担保物权消灭或者实现担保物权后的剩余部分，在破产程序中可用以清偿破产费用、共益债务和其他破产债权。"

根据以上规定可知，建设工程价款优先受偿权系法定优先权，权利人实现权利后的剩余部分，才按照法律规定清偿其他债务，建设工程价款优先受偿权＞担保物权＞破产费用、共益债务和其他破产债权。

（2）建设工程价款优先受偿权，必须经过法定的申报、核查、司法认定程序才能确认。虽然建设工程价款优先受偿权属于法定优先权，但是权利人也应当按照法定程序进行申报，并经债权人会议核查和人民法院确认。《企业破产法》第四十四条规定："人民法院受理破产申请时对债务人享有债权的债权人，依照本法规定的程序行使权利。"第四十九条规定："债权人申报债权时，应当书面说明债权的数额和有无财产担保，并提交有关证据。"第五十六条第二款规定："债权人未依照本法规定申报债权的，不得依照本法规定的程序行使权利。"实务中，人民法院受理破产申请后，管理人均会确定债权人申报债权的期限，并以公告、邮寄等方式通知债权人，债权人应当在债权申报期限内向管理人申报债权。

应当在人民法院规定的期限内向管理人申报建设工程价款优先受偿权。根据《企业破产法》第四十五条的规定，债权申报期限自人民法院发布受理破产申请公告之日起计算，最短不得少于三十日，最长不得超过三个月。

如果管理人对工程价款数额或优先权不予审查认可的，申报人可以根据《最高人民法院关于适用〈中华人民共和国企业破产法〉若干问题的规定（三）》第八条的规定，向管理人说明理由和法律依据，经管理人解释或调整后，异议人仍然不服的，或者管理人不予解释或调整的，申报人应当在债权人会议核查结束后十五日内向人民法院提起确认债权的诉讼，或根据仲裁条款或仲裁协议发起仲裁。

在人民法院确定的债权申报期限内，债权人未申报债权的，可以根据《企业破产法》第五十六条的规定，在破产财产最后分配前补充申报。但是，此前已进行的分配，不再对其补充分配。为审查和确认补充申报债权的费用，由补充申报人承担。

破产中的建设工程价款优先受偿权，仍然需要满足权利行使及时性、合同有效性、价款确定性、范围合法性等条件。

只有按照法定程序申报，并明确要求优先权，且经过管理人审查、债权人会议核查、人民法院认定，才能实现建设工程价款优先受偿权。

（3）破产受理前尚未经判决确认的建设工程价款优先受偿权，权利人向管理人主张建设工程价款优先受偿权的期限为十八个月。《施工合同解释（一）》第九条规定，"当事人对建设工程实际竣工日期有争议的，人民法院应当分别按照以下情形予以认定：（一）建设工程经竣工验收合格的，以竣工验收合格之日为竣工日期；（二）承包人已经提交竣工验收报告，发包人拖延验收的，以承包人提交验收报告之日为竣工日期；（三）建设工程未经竣工验收，发包人擅自使用的，以转移占有建设工程之日为竣工日期。"第二十七条规定："利息从应付工程价款之日开始计付。当事人对付款时间没有约定或者约定不明的，下列时间视为应付款时间：（一）建设工程已实际交付的，为交付之日；（二）建设工程没有交付的，为提交竣工结算文件之日；（三）建设工程未交付，工程价款也未结算的，为当事人起诉之日。"第四十一条规定："承包人应当在合理期限内行使建设工程价款优先受偿权，但最长不得超过十八个月，自发包人应当给付建设工程价款之日起算。"《2011民事审判纪要》第二十六条规定："非因承包人的原因，建设工程未能在约定期间内竣工，承包人依据《合同法》第二百八十六条规定享有的优先受偿权不受影响。承包人行使建设工程价款优先受偿权的期限为六个月，自建设工程合同约定的竣工之日起计算；建设工程合同未约定竣工日期，或者由于发包人的原因，合同解除或终止履行时已经超出合同约定的竣工日期的，承包人行使建设工程价款优先受偿权的期限自合同解除或终止履行之日起计算。"

破产程序中，权利人在上述起算点十八个月内向破产管理人申报债权，即视为行使了建设工程价款优先受偿权。

（4）破产程序中，未完工的在建工程，有关建设工程价款优先受偿权的行使，权利人应当加强与管理人的沟通，协商选定是否继续履行合同或解除、终止合同。《企业破产法》第十八条规定："人民法院受理破产申请后，管理人对破产申请受理前成立而债务人和对方当事人均未履行完毕的合同有权决定解除或者继续履行，并通知对方当事人。管理人自破产申请受理之日起二个月内未通知对方当事人，或者自收到对方当事人催告之日起三十日内未答复的，视为解除合同。管理人决定继续履行合同的，对方当事人应当履行；但是，对方当事人有权要求管理人提供担保。管理人不提供担保的，视为解除合同。"

权利人与管理人协商解除施工合同的，应当及时申报建设工程价款优先受偿权。双方协商继续履行合同的，承包人应当及时按照约定与管理人进行结算，并申报建设工程价款优先受偿权。

三、破产程序中，建设工程价款优先受偿权人可以要求对特定财产单独处置，但实务上整体处置更有利于各方利益最大化，特别是建设工程应当与土地一并处置

（1）对债务人特定财产享有担保权或法定优先权的债权人，有权要求单独处置特定财产。根据《民法典》第八百零七条规定的建设工程价款优先受偿权的设立目的，建设工程价款优先受偿权与担保物权都属于别除权，相应权利人均对特定财产享有协议折价、拍卖、变卖所得价款优先受偿的权利人，当然有权就特定财产请求单独处置，以便获得优先受偿。

《重庆市高级人民法院关于破产程序中财产网络拍卖的实施办法（试行）》第六条规定："处置债务人财产应当以价值最大化为原则，兼顾处置效率。能够通过企业整体处置方式维护企业营运价值的，应优先考虑适用整体处置方式，最大限度提升债务人财产的经济价值，保护债权人和债务人的合法权益。"广州市中级人民法院《破产程序中财产处置的实施办法（试行）》第十五条规定："对债务人特定财产享有担保权的债权人可以随时向管理人

主张就该特定财产变价处置行使优先受偿权，管理人应及时变价处置，不得以须经债权人会议决议等为由拒绝，但因单独处置担保财产会降低破产财产整体价值而需要进行整体处置的除外。拍卖或变卖担保物所得价款在支付拍卖、变卖费用后优先清偿担保物权人的债权。"

（2）单独处置特定财产会降低财产整体价值时，应当整体处置。破产实务中，大多情况下人民法院会支持抵押财产、建设工程与其他财产整体处置。破产法的立法目的是规范企业破产程序，公平清理债权债务，保护债权人和债务人的合法权益，维护社会主义市场经济秩序。破产清算中，实现各方债权人的利益最大化是最重要的目的，破产财产的整体处置有利于扩大债权人权益。

抵押财产、建设工程实际折价多少，不仅影响抵押权人、法定优先权人的利益，也会影响普通债权人的利益，实际折价越高，各方的利益越有保障。有时，同一财产部分抵押、部分未抵押，或者同一财产上设定了多个抵押；承包人、装饰装修人完成的工作成果混同，无法区分。这种情况下，从有利于充分发挥该财产的整体效用的角度出发，不宜分割处置。或者即使能够分割处置的话，也会降低该财产的实际价值。

整体处置有利于优先权与普通债权的法定转换。抵押财产、建设工程的权利人，享有的是对特定财产的有限受偿权，处置特定财产时未能清偿的债权，应当转为普通债权按比例清偿。整体处置有利于实现这种法定转换，优先受偿未能实现的债权，直接确定金额参与普通债权的分配。

综合上述因素，实务中抵押财产、建设工程应当与其他财产一起进行整体资产评估，以评估价格为依据确定底价，以拍卖、议价等合法方式，一并整体处置。只有在整体处置客观上不成的情况下，才考虑对特定财产进行单独变卖、折价等处置方式。

（3）建设工程应当与对应土地一并处置，并执行整体拍卖，分别计价，按比例分配原则。我国执行的是"房地一体主义"原则，建设工程与土地应当一并抵押、一并处分、一同拍卖。这一原则同样适用于建设工程价款优先受偿权所对应的房地法律关系。

《城市房地产管理法》第三十二条都规定了建设工程与对应土地应当

"同时抵押"。《民法典》第三百九十七条除规定了应"一并抵押"外，还规定若只抵押建设工程时，对应土地"视为一并抵押"，反之亦然。

最高人民法院、原国土资源部、原建设部联合下发的《关于依法规范人民法院执行和国土资源房地产管理部门协助执行若干问题的通知》第六条规定："土地使用权和房屋所有权归属同一权利人的，人民法院应当同时查封……"《关于依法规范人民法院执行和国土资源房地产管理部门协助执行若干问题的通知》第二十三条规定："在变价处理土地使用权、房屋时，土地使用权、房屋所有权同时转移……"《城市房地产管理法》第三十二条规定："房地产转让、抵押时，房屋的所有权和该房屋占用范围内的建设用地使用权同时转让、抵押。"《民法典》第三百五十六条规定："建设用地使用权转让、互换、出资或者赠与的，附着于该土地上的建筑物、构筑物及其附属设施一并处分。"第三百五十七条规定："建筑物、构筑物及其附属设施转让、互换、出资或者赠与的，该建筑物、构筑物及其附属设施占用范围内的建设用地使用权一并处分。"

整体拍卖处置时，在土地、建设工程上特定权利人分属不同主体的情况下，如果土地、建设工程折价总值大于对应债权总和，则各自债权均得到清偿，溢价部分归入破产财产，按下一轮顺序清偿。如果土地、建设工程折价总值小于对应债权总和，各个主体只对自己对应的土地或建设工程的变价拥有建设工程价款优先受偿权。这种情况下，在保障各自权利的基础上，根据公平原则，应当对土地、建设工程分别计价，按比例受偿。

（4）与其他财产一并处置时，只会扩大建设工程的变现价值。特别是未完工程进入破产程序，在重整模式下，通过重整执行团队对整个项目的优化，能较大地提升项目的整体形象，相对于单独处置时按建设工程现状变卖，整体优化处置必然会扩大建设工程的变现价值，保障已施工部分的建设工程价款优先受偿权的完整实现。

四、建设工程价款优先受偿权属于法定别除权，先于破产费用优先受偿，与破产费用的分担无关

根据《企业破产法》第四十一条的规定，破产费用是指在破产程序中为

全体债权人的共同利益而支出的旨在保障破产程序顺利进行所必需的程序上的费用。即破产程序本身耗费的需在破产程序进行支出的成本。破产费用包括诉讼费用，管理、处理和分配债务人财产的费用，管理人的费用、报酬和聘用工作人员的费用等。

（1）根据《企业破产法》第一百零九条、第一百一十条的规定，建设工程价款优先受偿权对应建设工程的变价优先受偿，不能受偿的部分，转为普通债权。

（2）根据《最高人民法院关于审理企业破产案件若干问题的规定》第七十一条的规定，权利人放弃优先受偿权或者优先偿付特定债权剩余的部分、依照法律规定存在优先权的财产不属于破产财产。

（3）根据《企业破产法》第一百一十三条的规定，破产财产在优先清偿破产费用和共益债务后，再对职工债权、税款、普通破产债权按顺序进行清偿。

以上规定能够说明，建设工程价款优先受偿权对应的建设工程，应先从破产财产中别除，不属于破产财产。而且，破产费用是从破产财产的变价中优先清偿，与已经优先受偿的建设工程价款没有关系。

五、建设工程价款优先受偿权的特别之处在于优先的绝对性和相对性

房企破产程序中，债权人类型较为复杂，包括对特定财产享有担保权的债权人、法定优先权人、普通债权人、被拆迁人、购房户等。相对于特定财产享有担保权的债权、破产费用、公益债务、普通债权而言，建设工程价款优先受偿权先于上述债权或费用清偿，具有绝对性。

但是，建设工程价款优先受偿权又具有相对性，后于被拆迁人的交付房屋请求权、消费者购房人的请求权享有权利。

（1）签订房屋产权调换拆迁安置补偿协议的被拆迁人的交付房屋请求权。被拆迁房屋是被拆迁人赖以生存和生产的基本物质条件，房屋拆迁涉及社会公共利益，被拆迁人服从公益理应获得特别保护。被拆迁人与房地产开发企业签订安置补偿协议，这种置换仍然属于物权的范畴，大于其他因物权

延伸的请求权等权利。被拆迁人对房屋享有的是一种物权请求权。

《城市房地产管理法》第六条规定："为了公共利益的需要，国家可以征收国有土地上单位和个人的房屋，并依法给予拆迁补偿，维护被征收人的合法权益；征收个人住宅的，还应当保障被征收人的居住条件。具体办法由国务院规定。"《民法典》第二百四十三条第一款规定："为了公共利益的需要，依照法律规定的权限和程序可以征收集体所有的土地和组织、个人的房屋以及其他不动产。"从以上法律规定来看，被拆迁人的权利明显具有公益性、居住生存权的性质，必然会优于工程价款的权利。

（2）消费购房人的请求权。所谓消费购房人，又称真实购房户，是指为了居住消费而购买房屋的人，区别于为了转手变卖获利的盈利向购房人。消费购房人的物权请求权，优于建设工程价款优先受偿权，并应根据具体情况区别处理。

第一，购房人支付全部购房款，或愿意补足未付房款的情形下，购房人基于物权关系要求交付房屋的，属于取回权，优于建设工程价款优先受偿权。

第二，购房人支付全部购房款的情形下，或愿意补足未付房款的情形下，且房企具备销售登记法定条件，购房人要求解除房屋买卖合同，请求退还房款的，仍具有优先性。

第三，购房人支付全部购房款的情形下，或愿意补足未付房款的情形下，且房企具备销售登记法定条件，但购房协议确定无效，购房人无权要求交付房屋，只能请求退还房款的，仍具有优先性。

第四，购房人不愿意补足全部购房款，管理人有权选择解除履行合同，并告知购房人申报债权。购房人要求退还的购房款具有优先性。

六、工程价款"以房抵债"后，债务人进入破产程序，建设工程价款优先受偿权问题

（1）"以房抵债"协议的性质。《九民会议纪要》第四十四条规定："当事人在债务履行期限届满后达成以物抵债协议，抵债物尚未交付债权人，债权人请求债务人交付的，人民法院要着重审查以物抵债协议是否存在恶意损害第三人合法权益等情形，避免虚假诉讼的发生。经审查，不存在以上情况，

且无其他无效事由的，人民法院依法予以支持。"显然，工程价款"以房抵债"协议为诺成合同，一经成立即具有法律效力，并不以房屋是否交付转移为生效条件。

（2）管理人无权依据《企业破产法》第十八条规定解除工程价款"以房抵债"协议。因为该条规定的条件为债务人或对方当事人均未履行或未全部履行合同义务。工程价款"以房抵债"协议中，债权人已经履行了全部义务。

（3）不解除工程价款"以房抵债"协议，债权人要求办理房屋过户手续是否必然得到支持。最高人民法院（2019）最高法民申 3989 号案件中，最高人民法院的裁判观点为，在人民法院已经受理债务人破产申请的情形下，如不解除以房抵债协议，继续履行的效果就是使一般债权人事实上取得了物权性质的权利，从而导致破产财产范围的缩小，对其他债权人不公平，不符合破产法公平清偿债务、避免个别清偿的精神。故债权人虽有权要求履行协议，但基于客观事实已经不能取得房屋所有权，人民法院应将其请求转化为金钱之债，进而通过破产程序公平受偿。

（4）债权人能否要求恢复原法律关系，主张建设工程价款优先受偿权。在（2016）最高法民终字第 484 号一案中，最高人民法院认为，当事人于债务清偿期届满后达成的以物抵债协议，可能构成债的更改，即成立新债务，同时消灭旧债务；亦可能属于新债清偿，即成立新债务，与旧债务并存。基于保护债权的理念，债的更改一般需有当事人明确消灭旧债的合意，否则当事人于债务清偿期届满后达成的以物抵债协议，性质一般应为新债清偿。在新债清偿情形下，旧债务于新债务履行之前不消灭，旧债务和新债务处于衔接并存的状态；在新债务合法有效并得以履行完毕后，因完成了债务清偿义务，旧债务才归于消灭。因此，因债务人不履行新债，债权人原则上可以要求恢复旧债的履行，主张建设工程价款优先受偿权。此时涉及建设工程价款优先受偿权行使期限的问题，但由于达成了以物抵债的协议，一般不能一边否定以物抵债协议，一边又以超过行使期限为由主张承包人不再享有建设工程价款优先受偿权。

（5）破产程序中，建设工程价款优先受偿权转让时有发生，一般情况下人民法院并没有否定转让的权力。这从一个方面说明了承包人将建设工程价款转让后，受让人可以主张优先权为主流观点。

【相关规定链接】

1.《民法典》

第二百四十三条第一款　为了公共利益的需要，依照法律规定的权限和程序可以征收集体所有的土地和组织、个人的房屋以及其他不动产。

第三百五十六条　建设用地使用权转让、互换、出资或者赠与的，附着于该土地上的建筑物、构筑物及其附属设施一并处分。

第三百五十七条　建筑物、构筑物及其附属设施转让、互换、出资或者赠与的，该建筑物、构筑物及其附属设施占用范围内的建设用地使用权一并处分。

第三百九十七条　以建筑物抵押的，该建筑物占用范围内的建设用地使用权一并抵押。以建设用地使用权抵押的，该土地上的建筑物一并抵押。

抵押人未依照前款规定一并抵押的，未抵押的财产视为一并抵押。

2.《企业破产法》

第十八条　人民法院受理破产申请后，管理人对破产申请受理前成立而债务人和对方当事人均未履行完毕的合同有权决定解除或者继续履行，并通知对方当事人。管理人自破产申请受理之日起二个月内未通知对方当事人，或者自收到对方当事人催告之日起三十日内未答复的，视为解除合同。

管理人决定继续履行合同的，对方当事人应当履行；但是，对方当事人有权要求管理人提供担保。管理人不提供担保的，视为解除合同。

第二十五条　管理人履行下列职责：

（一）接管债务人的财产、印章和账簿、文书等资料；

（二）调查债务人财产状况，制作财产状况报告；

（三）决定债务人的内部管理事务；

（四）决定债务人的日常开支和其他必要开支；

（五）在第一次债权人会议召开之前，决定继续或者停止债务人的营业；

（六）管理和处分债务人的财产；

（七）代表债务人参加诉讼、仲裁或者其他法律程序；

（八）提议召开债权人会议；

（九）人民法院认为管理人应当履行的其他职责。

本法对管理人的职责另有规定的，适用其规定。

第四十一条　人民法院受理破产申请后发生的下列费用，为破产费用：

（一）破产案件的诉讼费用；

（二）管理、变价和分配债务人财产的费用；

（三）管理人执行职务的费用、报酬和聘用工作人员的费用。

第四十四条　人民法院受理破产申请时对债务人享有债权的债权人，依照本法规定的程序行使权利。

第四十八条　债权人应当在人民法院确定的债权申报期限内向管理人申报债权。

债务人所欠职工的工资和医疗、伤残补助、抚恤费用，所欠的应当划入职工个人账户的基本养老保险、基本医疗保险费用，以及法律、行政法规规定应当支付给职工的补偿金，不必申报，由管理人调查后列出清单并予以公示。职工对清单记载有异议的，可以要求管理人更正；管理人不予更正的，职工可以向人民法院提起诉讼。

第四十九条　债权人申报债权时，应当书面说明债权的数额和有无财产担保，并提交有关证据。申报的债权是连带债权的，应当说明。

第五十六条　在人民法院确定的债权申报期限内，债权人未申报债权的，可以在破产财产最后分配前补充申报；但是，此前已进行的分配，不再对其补充分配。为审查和确认补充申报债权的费用，由补充申报人承担。

债权人未依照本法规定申报债权的，不得依照本法规定的程序行使权利。

第五十七条　管理人收到债权申报材料后，应当登记造册，对申报的债权进行审查，并编制债权表。

债权表和债权申报材料由管理人保存，供利害关系人查阅。

第五十八条　依照本法第五十七条规定编制的债权表，应当提交第一次债权人会议核查。

债务人、债权人对债权表记载的债权无异议的，由人民法院裁定确认。

债务人、债权人对债权表记载的债权有异议的，可以向受理破产申请的人民法院提起诉讼。

第一百零九条 对破产人的特定财产享有担保权的权利人，对该特定财产享有优先受偿的权利。

第一百一十条 享有本法第一百零九条规定权利的债权人行使优先受偿权利未能完全受偿的，其未受偿的债权作为普通债权；放弃优先受偿权利的，其债权作为普通债权。

第一百一十三条 破产财产在优先清偿破产费用和共益债务后，依照下列顺序清偿：

（一）破产人所欠职工的工资和医疗、伤残补助、抚恤费用，所欠的应当划入职工个人账户的基本养老保险、基本医疗保险费用，以及法律、行政法规规定应当支付给职工的补偿金；

（二）破产人欠缴的除前项规定以外的社会保险费用和破产人所欠税款；

（三）普通破产债权。

破产财产不足以清偿同一顺序的清偿要求的，按照比例分配。

破产企业的董事、监事和高级管理人员的工资按照该企业职工的平均工资计算。

3. 《城市房地产管理法》

第六条 为了公共利益的需要，国家可以征收国有土地上单位和个人的房屋，并依法给予拆迁补偿，维护被征收人的合法权益；征收个人住宅的，还应当保障被征收人的居住条件。具体办法由国务院规定。

第三十二条 房地产转让、抵押时，房屋的所有权和该房屋占用范围内的建设用地使用权同时转让、抵押。

4. 《最高人民法院关于适用〈中华人民共和国企业破产法〉若干问题的规定（二）》

第三条第二款 对债务人的特定财产在担保物权消灭或者实现担保物权后的剩余部分，在破产程序中可用以清偿破产费用、共益债务和其他破产债权。

5.《施工合同解释（一）》

第九条　当事人对建设工程实际竣工日期有争议的，人民法院应当分别按照以下情形予以认定：

（一）建设工程经竣工验收合格的，以竣工验收合格之日为竣工日期；

（二）承包人已经提交竣工验收报告，发包人拖延验收的，以承包人提交验收报告之日为竣工日期；

（三）建设工程未经竣工验收，发包人擅自使用的，以转移占有建设工程之日为竣工日期。

第二十七条　利息从应付工程价款之日开始计付。当事人对付款时间没有约定或者约定不明的，下列时间视为应付款时间：

（一）建设工程已实际交付的，为交付之日；

（二）建设工程没有交付的，为提交竣工结算文件之日；

（三）建设工程未交付，工程价款也未结算的，为当事人起诉之日。

第四十一条　承包人应当在合理期限内行使建设工程价款优先受偿权，但最长不得超过十八个月，自发包人应当给付建设工程价款之日起算。

6.《关于依法规范人民法院执行和国土资源房地产管理部门协助执行若干问题的通知》

六、土地使用权和房屋所有权归属同一权利人的，人民法院应当同时查封；土地使用权和房屋所有权归属不一致的，查封被执行人名下的土地使用权或者房屋。

二十三、在变价处理土地使用权、房屋时，土地使用权、房屋所有权同时转移；土地使用权与房屋所有权归属不一致的，受让人继受原权利人的合法权利。

7.《查封、扣押、冻结规定》

第二十一条　查封地上建筑物的效力及于该地上建筑物使用范围内的土地使用权，查封土地使用权的效力及于地上建筑物，但土地使用权与地上建筑物的所有权分属被执行人与他人的除外。

地上建筑物和土地使用权的登记机关不是同一机关的，应当分别办理查封登记。

8.《江苏省高级人民法院民事审判第二庭关于印发〈破产案件审理指南（修订版）〉的通知》

七、破产债权及清偿顺序

……………

3. 建设工程价款优先权。对于债权人提出的建设工程价款优先权主张，应当依照合同法第二百八十六条和《最高人民法院关于建设工程价款优先受偿权问题的批复》（法释〔2002〕16 号）的规定进行审查。

9.《重庆市高级人民法院关于审理破产案件法律适用问题的解答》

7. 管理人可否对债权人是否享有建设工程价款优先受偿权进行审查？

答：根据企业破产法第五十七条的规定，对申报的债权进行审查是管理人的职责之一，因此对于债权人申报债权时主张的建设工程价款优先受偿权是否成立，管理人应当进行审查，审查结果应在债权表中载明并提交第一次债权人会议核查。债务人、债权人有异议的，可以向受理破产案件的人民法院提起破产债权确认诉讼。

10.《北京市高级人民法院关于破产程序中财产网络拍卖的实施办法（试行）》

第 10 条 对债务人特定财产享有担保权的债权人向管理人申请就该特定财产变价处置并行使优先受偿权的，管理人应及时进行审查，若债务人没有重整可能或担保财产并非重整所必需、担保财产处置不损害债务人财产的整体价值的，管理人应及时启动拍卖，不得以需经债权人表决等事由予以拒绝或拖延。

11. 重庆市高级人民法院《关于破产程序中财产网络拍卖的实施办法（试行）》

第六条 处置债务人财产应当以价值最大化为原则，兼顾处置效率。能够通过企业整体处置方式维护企业营运价值的，应优先考虑适用整体处置方式，最大限度提升债务人财产的经济价值，保护债权人和债务人的合法权益。

第七条 整体拍卖处置债务人财产的，流拍后可以根据资产属性将资产分成若干个资产包进行拍卖；也可以通过设置不同的购买条件，将整体资产包和分散资产包同时拍卖。

12. 广州市中级人民法院《破产程序中财产处置的实施办法（试行）》

第十五条　对债务人特定财产享有担保权的债权人可以随时向管理人主张就该特定财产变价处置行使优先受偿权，管理人应及时变价处置，不得以须经债权人会议决议等为由拒绝，但因单独处置担保财产会降低破产财产整体价值而需要进行整体处置的除外。拍卖或变卖担保物所得价款在支付拍卖、变卖费用后优先清偿担保物权人的债权。

第十三章 建设工程价款债权转让、第三方保证对建设工程价款优先受偿权的影响

一、建设工程施工过程中形成的工程价款债权的转让

（一）建设工程价款债权能否转让

对于建设工程价款债权的转让问题，经过竣工验收合格以及发承包双方审核决算后，工程价款转变为发承包双方之间的合同债权。因此，首先要分析清楚建设工程价款能不能转让的法律问题。根据《建筑法》第六十一条、《民法典》第七百九十九条、《建设工程质量管理条例》以及相关司法解释的规定，建设工程只有经过验收合格，承包人才能向发包人主张工程价款的权利，暂且不论建设工程合同的效力以及是否竣工的问题。工程质量合格是承包人主张建设工程价款的前提，唯有建设工程质量合格才有权利主张建设工程价款。

《民法典》第五百四十五条第一款规定，"债权人可以将债权的全部或者部分转让给第三人，但有下列情形之一的除外：（一）根据债权性质不得转让；（二）按照当事人约定不得转让；（三）依照法律规定不得转让。"依据建设工程价款债权的性质，其不属于不得转让的债权，也没有法律规定建设工程价款债权不得转让，因此除非发包人与承包人另有约定，承包人可以转让其建设工程价款债权。

对此，在实务中各地法院也做出了一致认为建设工程价款债权可以转让

的规定。例如，《山东高院民一庭关于审理建设工程施工合同纠纷案件若干问题的解答》第十二条规定："建设工程价款优先受偿权依附于工程款债权，属于从属性权利，承包人将建设工程价款债权转让的，建设工程价款优先受偿权随之转让。"《湖南省高级人民法院关于审理建设工程施工合同纠纷案件若干问题的解答》第二十条规定："建设工程价款优先受偿权所设立的立法本意系解决拖欠工程款问题，以推动承包人价款债权的实现，具有从属性，不具有人身属性，故承包人将建设工程价款债权转让的，建设工程价款优先受偿权随之转让。"《广东省高级人民法院关于审理建设工程施工合同纠纷案干问题的指导意见》第十五条规定："承包人将建设工程施工合同约定的工程款债权依法转让，债权受让方主张其对建设工程享有优先受偿权的，可予支持。承包人在转让工程价款债权前与发包人约定排除优先受偿权的，该约定对承包人以外的实际施工人不具有约束力。"

（二）建设工程价款债权转让，建设工程价款优先受偿权也同时转让

《民法典》第五百四十七条规定："债权人转让债权的，受让人取得与债权有关的从权利，但是该从权利专属于债权人自身的除外。受让人取得从权利不应该从权利未办理转移登记手续或者未转移占有而受到影响。"

有观点认为建设工程价款债权转让之后，承包人通过转让工程价款的债权获得相应对价，则承包人的权利得以实现，此时承包人已经取得了转让款即工程价款，法律设定建设工程价款优先受偿权制度的目的已经实现，受让人不再享有建设工程价款优先受偿权。[①]

本书认为，建设工程价款优先受偿权不是专属于承包人的权利，建设工程价款转让的，受让人依法取得建设工程价款的从权利，即受让人取得建设工程价款优先受偿权。其主要理由是，债权转让时受让人一并取得相应的从权利是法律规定的一般情形，对建设工程价款债权的转让，法律也没有例外的规定，特别是由受让人继续取得建设工程价款优先受偿权，不损害发包人

[①] 王冠华编者：《建设工程价款优先受偿权法律实务研究》，新疆少年出版社 2020 年版，第 30－35 页。

以及发包人的其他债权人的权益，并能够鼓励受让人参与受让建设工程价款债权的积极性，促进交易，促进市场经济的发展。至于承包人转让工程价款的债权是否获取了对价，获取的对价是否足额，均是不确定的问题。相反受让人是否仍继续享有建设工程价款优先受偿权，往往决定了受让人是否同意受让该债权，以及愿意支付相应对价的多少，对受让人权利义务影响巨大。

二、实际施工人或其他债权人可否通过提起代位权诉讼，主张建设工程价款优先受偿权

（一）建设工程价款优先受偿权是否属于建设工程价款的从权利

设立建设工程价款优先受偿权制度的目的，是保障建设工程价款债权的实现，如果建设工程价款债权不存在，建设工程价款优先受偿权也不具有存在的必要。显然建设工程价款优先受偿权依附于建设工程价款而存在，建设工程价款优先受偿权属于建设工程价款的从权利。

（二）建设工程价款优先受偿权是否专属于承包人自身

《施工合同解释（一）》第三十五条规定："与发包人订立建设工程施工合同的承包人，依据民法典第八百零七条的规定请求其承建工程的价款就工程折价或者拍卖的价款优先受偿的，人民法院应予支持。"只有承包人才享有建设工程价款优先受偿权，但该条并没有明确规定该权利专属于承包人自身。建设工程价款优先受偿权显然与债务人（发包人）不具有人身依附关系，因此建设工程价款优先受偿权，不属于专属于债务人自身的权利。

（三）实际施工人或其他债权人可以通过提起代位权诉讼，主张建设工程价款优先受偿权

《民法典》第五百三十五条第一款规定："因债务人怠于行使其债权或者与该债权有关的从权利，影响债权人的到期债权实现的，债权人可以向人民法院请求以自己的名义代位行使债务人对相对人的权利，但是该权利专属于债务人自身的除外。"

《施工合同解释（一）》第四十四条规定："实际施工人依据民法典第五

百三十五条规定，以转包人或者违法分包人怠于向发包人行使到期债权或者与该债权有关的从权利，影响其到期债权实现，提起代位权诉讼的，人民法院应予支持。"

该条规定实际施工人可以向发包人行使代位权，主张建设工程价款，同时也规定了可以行使相关的从权利。如前文分析，建设工程价款优先受偿权属于建设工程价款的从权利，且不属于专属于承包人自身的权利，因此实际施工人可以向发包人主张建设工程价款优先受偿权。

三、实际施工人自身对发包人不享有建设工程价款优先受偿权，与实际施工人通过代位权诉讼向发包人主张建设工程价款优先受偿权之间是否存在矛盾

（1）实际施工人对发包人不享有建设工程价款优先受偿权。工程价款是债权请求权，建设工程价款优先受偿权是具有担保物权性质的不动产法定优先权，系法定担保物权的一种。[①] 因此，二者的行使主体是不同的。《施工合同解释（一）》在第三十五条明确指出，与发包人订立建设工程施工合同的承包人，根据《民法典》第八百零十条规定请求其承建工程的价款就工程折价或者拍卖的价款优先受偿的，人民法院应予支持。依据该司法解释，只有依法与发包人存在直接建设工程施工合同关系的承包人才能享有建设工程价款优先受偿权。

此外，挂靠或借用资质的承包人虽然可能承包全部工程，但与发包人之间并无直接的合同关系，其以出借人或者被挂靠人的名义订立合同并履行合同。如果允许实际施工人向发包人主张建设工程价款优先受偿权，实属变相鼓励挂靠或者出借资质行为，不利于建设主管部门对建筑企业的资质的管理。

在（2019）最高法民申 2755 号案例中，案涉施工合同项下的建设工程由马某某施工，马某某系案涉工程的实际施工人。《施工合同解释（二）》第十七条规定："与发包人订立建设工程施工合同的承包人，根据合同法第二

---

① 中国建设工程法律评论第四工作组编著：《建设工程优先受偿权》，法律出版社 2017 年版，第 113–120 页。

百八十六条规定请求其承建工程的价款就工程折价或者拍卖的价款优先受偿的，人民法院应予支持。"（该司法解释施行后该案尚未审结，上述规定适用于该案。）马某某并非与发包人新疆鑫达房产公司签订建设工程施工合同的承包人。根据上述法律及司法解释的规定，二审法院认为马某某作为实际施工人不享有建设工程价款优先受偿权，适用法律正确。

另外，最高人民法院在（2019）最高法民再258号案例中认为，该案中，吴某某与丰都一建公司签订的《建设工程内部承包合同》为无效合同，吴某某并非承包人而是实际施工人。《施工合同解释（一）》第二十六条第二款规定的是发包人只在欠付工程价款范围内对实际施工人承担责任，即实际施工人有条件向发包人主张工程价款，但并未规定实际施工人享有建设工程价款优先受偿权。《合同法》第二百八十六条仅规定承包人享有建设工程价款优先受偿权，亦未规定实际施工人也享有该项权利。

以上两个案例均是发布在最高人民法院出台《施工合同解释（一）》之后，已经通过裁判的形式指出实际施工人不可以主张建设工程价款优先受偿权。

上述案例均是由实际施工人直接向发包人主张建设工程价款优先受偿权的情形，并没有直接回答实际施工人以代位权诉讼的方式主张建设工程价款优先受偿是否应当得到支持。

（2）实际施工人通过代位权诉讼，向发包人主张建设工程价款优先受偿权，与实际施工人对发包人不享有建设工程价款优先受偿权并不矛盾。本书认为，如果认为建设工程价款的债权可以转让，并且建设工程价款转让后，建设工程价款优先受偿权可以同时转让，就表明建设工程价款并没有专属性。如果该债权没有专属性，就没有理由否定实际施工人发起代位权诉讼。事实上承包人的其他债权人也可以发起代位权诉讼。代位权诉讼的本质是债权人代债务人之位向次债务人主张权利，如果没有法定的理由，债权人享有债务人对次债务人享有的全部权利，包括建设工程价款优先受偿权。另外，赋予实际施工人建设工程价款优先受偿权的代位权，并不损害任何一方交易主体的利益，并且有利于建筑工人工资的支付。本书认为，应当赋予实际施工人以代位权诉讼的通道主张建设工程价款优先受偿权。

实际施工人通过代位权诉讼，向发包人主张建设工程价款优先受偿权，实际上还是行使的承包人的建设工程价款优先受偿权，对于相应的建设项目，还是仅行使了一次建设工程价款优先受偿权，不会损害到发包人的利益，没有减损发包人的其他债权人的利益，也不损害承包人的利益。而实际施工人对发包人不享有建设工程价款优先受偿权是建立在法律已经赋予承包人对发包人的建设工程价款优先受偿权之上的，如果同时赋予实际施工人建设工程价款优先受偿权，则可能构成权利的重复行使，损害到发包人及其他债权人的利益。因此实际施工人通过代位权诉讼，向发包人主张建设工程价款优先受偿权，与实际施工人对发包人不享有建设工程价款优先受偿权并不矛盾。

四、建设工程价款优先受偿权与工程价款支付保证并存的情况下的实务问题分析

本书基于实务中出现的具体的、常见的问题，从建设工程价款优先受偿权与保证并存时的实现顺序、建设工程合同无效时对承包人建设工程价款优先受偿权和保证人责任的影响等方面具体分析论证该问题的处理规则。

（一）建设工程价款优先受偿权与保证并存时的实现顺序

根据民法原理，物权优先于债权，当然抵押权也属于担保物权，并且其属于意定担保物权。《施工合同解释（　）》第二十八条规定："承包人根据民法典第八百零七条规定享有的建设工程价款优先受偿权优于抵押权和其他债权。"

实务中，承包人对工程价款享有建设工程价款优先受偿权的同时，又有第三人为发包人向承包人提供支付担保的话就涉及建设工程价款优先受偿权与保证并存时在实务中如何处理的问题。此时，承包人面临着如何选择其债权实现的先后顺序问题。而《民法典》第三百九十二条规定："被担保的债权既有物的担保又有人的担保的，债务人不履行到期债务或者发生当事人约定的实现担保物权的情形，债权人应当按照约定实现债权；没有约定或者约定不明确，债务人自己提供物的担保的，债权人应当先就该物的担保实现债权……"因此，依据《民法典》该条规定，承包人在遇到建设工程价款优先受偿权与保证并存时，除非另有约定，应当首先就建设工程价款优先受偿权

受偿实现自己的债权。

（二）建设工程施工合同无效时对承包人建设工程价款优先受偿权和保证人责任的影响

实务中，由于违法发包、转包、违法分包、应当招标未招标以及挂靠等的实际存在，建设工程领域出现了大量的无效的建设工程施工合同。这种无效合同与保证人同时存在时，建设工程价款优先受偿权问题如何解决也是实务中必须面对的问题。

（1）通说认为，在建设工程合同无效时，只要建设工程经竣工验收合格，承包人就可以主张建设工程价款，同时也可以主张建设工程价款优先受偿权。《民法典》第七百九十三条规定："建设工程施工合同无效，但是建设工程经验收合格的，可以参照合同关于工程价款的约定折价补偿承包人。建设工程施工合同无效，且建设工程经验收不合格的，按照以下情形处理：（一）修复后的建设工程经验收合格的，发包人可以请求承包人承担修复费用；（二）修复后的建设工程经验收不合格的，承包人无权请求参照合同关于工程价款的约定折价补偿。发包人对因建设工程不合格造成的损失有过错的，应当承担相应的责任。"《施工合同解释（一）》第三十八条规定："建设工程质量合格，承包人请求其承建工程的价款就工程折价或者拍卖的价款优先受偿的，人民法院应予支持。"第三十九条规定："未竣工的建设工程质量合格，承包人请求其承建工程的价款就其承建工程部分折价或者拍卖的价款优先受偿的，人民法院应予支持。"《安徽高院指导意见》第十七条规定："建设工程施工合同无效，但工程经竣工验收合格的，承包人主张工程价款优先受偿权，可予支持。"基于以上法律、司法解释以及各地的实践，在建设工程合同无效时，只要建设工程质量验收合格，承包人主张工程价款应当予以支持。

对此，反对观点如《广东高院指导意见》第七条指出，在建设工程合同无效的情形下，承包人主张建设工程价款优先受偿权的，人民法院不予支持。

（2）在建设工程主合同因违反法律无效时，保证合同的效力以及保证责任如何确定。《民法典》第六百八十二条规定："保证合同是主债权债务合同的从合同。主债权债务合同无效的，保证合同无效，但是法律另有规定的除外。保证合同被确认无效后，债务人、保证人、债权人有过错的，应当根据其过错各自承担相应的民事责任。"

依据前述规定，保证合同是建设工程施工合同的从合同，在建设工程施工合同无效时，保证合同也无效，保证人不再承担保证责任。但依据各方的过错，保证人有可能要承担相应的民事赔偿责任。

五、承包人怠于行使建设工程价款优先受偿权对于保证人责任的影响

在讨论承包人怠于行使建设工程价款优先受偿权问题时，必须先分析建设工程价款优先受偿权的行使期限问题。《施工合同解释（一）》第四十一条规定，承包人行使建设工程价款优先受偿权的期限为十八个月，自发包人应当给付建设工程价款之日起算。

在实务中，承包人由于各方面的原因不愿意甚至不去主张建设工程价款优先受偿权。在这种情况下保证人的责任如何确定？对于承包人而言，《民法典》第八百零七条赋予了其建设工程价款优先受偿权之法定优先权，同时，又有第三人为发包人向其提供的保证担保。那么在承包人怠于行使建设工程价款优先受偿权对保证人的保证责任有哪些影响？对此，《民法典》第四百零九条第二款规定："债务人以自己的财产设定抵押，抵押权人放弃该抵押权、抵押权顺位或者变更抵押权的，其他担保人在抵押权人丧失优先受偿权益的范围内免除担保责任，但是其他担保人承诺仍然提供担保的除外。"

建设工程价款优先受偿权针对的标的物是发包人（债务人）自己的财产，且也是对建设工程（相当于抵押物）具有优先受偿的权利，如果承包人放弃或怠于行使该权利，类比适用《民法典》第四百零九条第二款，保证人应当免除相应范围内的保证责任，但当事人另有约定的除外。

因此，在承包人怠于或者放弃行使建设工程价款优先受偿权的情况下，保证人的保证责任有可能会免除，除非保证人承诺依然愿意承担保证责任。

【相关规定链接】

1.《民法典》

第三百九十二条　被担保的债权既有物的担保又有人的担保的，债务人不履行到期债务或者发生当事人约定的实现担保物权的情形，债权人应当按照约定实现债权；没有约定或者约定不明确，债务人自己提供物的担保的，债权人应当先就该物的担保实现债权；第三人提供物的担保的，债权人可以就物的担保实现债权，也可以要求保证人承担保证责任。提供担保的第三人承担担保责任后，有权向债务人追偿。

第四百零九条　抵押权人可以放弃抵押权或者抵押权的顺位。抵押权人与抵押人可以协议变更抵押权顺位以及被担保的债权数额等内容。但是，抵押权的变更未经其他抵押权人书面同意的，不得对其他抵押权人产生不利影响。

债务人以自己的财产设定抵押，抵押权人放弃该抵押权、抵押权顺位或者变更抵押权的，其他担保人在抵押权人丧失优先受偿权益的范围内免除担保责任，但是其他担保人承诺仍然提供担保的除外。

第五百四十五条　债权人可以将债权的全部或者部分转让给第三人，但有下列情形之一的除外：

（一）根据债权性质不得转让；

（二）按照当事人约定不得转让；

（三）依照法律规定不得转让。

当事人约定非金钱债权不得转让的，不得对抗善意第三人。当事人约定金钱债权不得转让的，不得对抗第三人。

第五百四十七条　债权人转让债权的，受让人取得与债权有关的从权利，但是该从权利专属于债权人自身的除外。

受让人取得从权利不因该从权利未办理转移登记手续或未转移占有而受到影响。

第六百八十二条　保证合同是主债权债务合同的从合同。主债权债务合同无效的，保证合同无效，但是法律另有规定的除外。

保证合同被确认无效后，债务人、保证人、债权人有过错的，应当根据其过错各自承担相应的民事责任。

第七百九十九条 建设工程竣工后，发包人应当根据施工图纸及说明书、国家颁发的施工验收规范和质量检验标准及时进行验收。验收合格的，发包人应当按照约定支付价款，并接收该建设工程。

建设工程竣工经验收合格后，方可交付使用；未经验收或者验收不合格的，不得交付使用。

2.《建筑法》

第六十一条 交付竣工验收的建筑工程，必须符合规定的建筑工程质量标准，有完整的工程技术经济资料和经签署的工程保修书，并具备国家规定的其他竣工条件。

建筑工程竣工经验收合格后，方可交付使用；未经验收或者验收不合格的，不得交付使用。

3.《施工合同解释（一）》

第三十五条 与发包人订立建设工程施工合同的承包人，依据民法典第八百零七条的规定请求其承建工程的价款就工程折价或者拍卖的价款优先受偿的，人民法院应予支持。

第四十一条 承包人应当在合理期限内行使建设工程价款优先受偿权，但最长不得超过十八个月，自发包人应当给付建设工程价款之日起算。

第四十四条 实际施工人依据民法典第五百三十五条规定，以转包人或者违法分包人怠于向发包人行使到期债权或者与该债权有关的从权利，影响其到期债权实现，提起代位权诉讼的，人民法院应予支持。

4.《安徽高院指导意见》

17. 建设工程施工合同无效，但工程经竣工验收合格的，承包人主张工程价款优先受偿权，可予支持。

第十四章　涉及建设工程价款优先
受偿权诉讼的第三人

一、关于"民事诉讼第三人"

《民事诉讼法》第五十九条第一款、第二款规定："对当事人双方的诉讼标的，第三人认为有独立请求权的，有权提起诉讼。对当事人双方的诉讼标的，第三人虽然没有独立请求权，但案件处理结果同他有法律上的利害关系的，可以申请参加诉讼，或者由人民法院通知他参加诉讼。人民法院判决承担民事责任的第三人，有当事人的诉讼权利义务。"

由此可见，只要是对民事诉讼标的可能有独立请求权，或者诉讼结果有可能影响其民事权益的民事主体，均可以作为民事案件第三人参加诉讼。因此，只要建设工程价款优先受偿权是否成立、对应的债权范围和金额、是否超过行使期限、建设工程价款优先受偿权对应的建设工程客体范围等任何方面，对相关主体的民事权益可能产生影响，依法其均可能作为第三人参加诉讼。

二、商品房购房人应当作为涉及建设工程价款优先受偿权诉讼的第三人

（一）商品房购房人应当作为第三人参加涉及建设工程价款优先受偿权的诉讼

商品房购房人中的消费者符合特殊条件的情况下，其优先权（商品房物权期待权）优于建设工程价款优先受偿权。其他情况下的商品房购房人不能

对抗建设工程价款优先受偿权。

因此，商品房购房人的条件是否成立、是否属于消费者购房人、购房款是否付清，均对建设工程价款优先受偿权人的利益有重要影响，同时建设工程价款优先受偿权是否成立、对应的债权范围、是否超过行使期限、建设工程价款优先受偿权对应的建设工程客体范围，对商品房的购房人的利益也有重要影响。因此商品房的购房人应当作为涉及建设工程价款优先受偿权诉讼的第三人。①

（二）商品房购房人也可在商品房的执行程序中提出执行异议主张权利

如果商品房购房人没有作为第三人参加涉及建设工程价款优先受偿权的诉讼，在商品房的执行程序中仍然可以依据《民事诉讼法》第二百三十四条提出执行异议，主张其权利优先于承包人的建设工程价款优先受偿权，但该程序中仅依据《执行异议和复议规定》第二十九条对商品房购房人的优先权的限制条件是否存在进行审查，且主要是进行形式审查，而不能对生效判决中的建设工程价款优先受偿权是否成立等内容进行审查，可能对商品房购房人的权利产生实质的不利影响。②

三、抵押权人或其他担保物权人应当作为涉及建设工程价款优先受偿权诉讼的第三人

《民法典》第八百零七条赋予了建设工程价款以优先受偿权，目的在于解决现实生活中大量存在的拖欠工程款的问题，尤其是农民工工资的问题。对此，《施工合同解释（一）》第三十六条规定："承包人根据民法典第八百零七条规定享有的建设工程价款优先受偿权优于抵押权和其他债权。"

就两种权利的性质而言，建设工程价款优先受偿权是优先权的一种，与抵押权性质不同。前者是法律直接规定的权利，不能由当事人直接约定，而后者则是因当事人约定而产生的。此外，建设工程价款优先受偿权不以登记

---

① 《民事审判指导与参考》（第 38 集），法律出版社 2009 年版，第 306 – 307 页。
② 梁慧星：《〈合同法〉第二百八十六条的权利性质及适用》，载《人民法院报》2000 年 12 月 1 日。

为设立要件，而不动产抵押则需要登记，动产抵押未登记不得对抗善意第三人。

根据《民法典》第八百零七条和《施工合同解释（一）》第三十六条的规定，在房地产纠纷案件中，应当认定建设工程承包人的建设工程价款优先受偿权优于抵押权，不论该抵押权成立时间在先还是在后，均不影响这一顺位关系。

由于建设工程价款优先受偿权具有优先于抵押权的效力，因此对建设工程价款优先受偿权是否成立、对应的债权范围、是否超过行使期限、建设工程价款优先受偿权对应的建设工程客体范围，均对抵押权人的抵押权能否实现具有重要影响。因此抵押权人及其他担保物权人应当作为涉及建设工程价款优先受偿权诉讼的第三人。

四、已申请保全或申请执行的普通债权人应当作为涉及建设工程价款优先受偿权诉讼的第三人

首先是申请诉讼保全的普通债权人。当事人申请诉讼保全具有程序法上的意义，其目的是保全实体权利的实现，故其并不具有排除实体权利的价值和功能。但建设工程价款优先受偿权是否成立，完全可能影响到申请保全人的债权能否实现。因此已申请保全或申请执行的普通债权人应当作为涉及建设工程价款优先受偿权诉讼的第三人。

其次是已申请执行的普通债权，只是相对于未进入执行程序的普通债权，因其（大多数）已经司法裁决（含仲裁），因而具有执行程序上的优先性，通说认为并不产生优于建设工程价款优先受偿权的法律效力。但建设工程价款优先受偿权是否成立，完全可能影响到申请执行人的债权能否实现，申请执行的普通债权人应当作为涉及建设工程价款优先受偿权诉讼的第三人。

（一）对于采取诉讼保全及进入执行程序的普通债权的论证与分析

《民事诉讼法》第一百零三条规定，人民法院对于可能因当事人一方的行为或者其他原因，使判决难以执行或者造成当事人其他损害的案件，根据对方当事人的申请，可以裁定对其财产进行保全责令其作出一定行为或者禁止其作出一定行为；当事人没有提出申请的，人民法院在必要时也可以裁定

采取保全措施。从这条规定可以看出，保全的目的是防止财产流失，避免执行落空，诉讼财产保全的作用在于限制他方当事人对自己持有的财产实施转移、隐匿或灭失等损害债权人利益行为的发生，其只是一种诉讼保护性措施。

分析《最高人民法院关于首先查封法院与优先债权执行法院处分查封财产有关问题的批复》，我们可以得出一些很有价值的结论以供参考。建设工程价款优先受偿权中的优先权制度是实体法制度，而查封、保全制度是程序法制度。《民事诉讼法》第一百零六条规定："财产保全采取查封、扣押、冻结或者法律规定的其他方法。人民法院保全财产后，应当立即通知被保全财产的人。财产已被查封、冻结的，不得重复查封、冻结。"关于其立法目的，我们考虑是保障实体法上优先债权制度的实现，兼顾执行程序法上首先查封制度的价值。

从法理上，作为诉讼保全措施，查封、扣押、冻结等的效力包括程序法和实体法两方面：一是程序法上的效力，即先采取措施法院的享有优先分配权；二是实体法上的效力，即先采取措施案件的债权人是否享有优先权。从我国法律关于禁止重复查封、冻结的明确规定来看，先行采取保全措施法院在程序上有优先处理查封、冻结财产的权利，应是无可争议的。但在实体法上，当事人是否享有优先权，法院是否必须将保全财产最终执行给申请保全的债权人，法律上则无明确的规定。[1]

可见，财产保全的结果只是不让当事人启动所保全的财产，并不必然产生执行时"优先受偿"的效果。另外，在一些涉及债务清偿或清偿顺序的法律及司法解释中，也明确了诉讼保全不具优先性的原则。

（二）已采取诉讼保全及进入执行程序的普通债权与建设工程价款优先受偿权的顺位的确定

如前所述，建设工程价款优先受偿权是法定优先权，属于实体法规定的实体性权利；而诉讼保全及进入执行程序的普通债权实质上是一种程序性权利，其本身是为了保障实体性权力的实现而创设的。二者不同的权利性质和

---

① 最高人民法院民事审判第一庭编著：《最高人民法院建设工程施工合同司法解释（二）理解与适用》，人民法院出版社 2019 版，第 357 页。

法律来源，决定了已采取诉讼保全及进入执行程序的普通债权，不具有优先于建设工程价款优先受偿权受偿的法律效力。

（三）关于两者权利的行使路径

诉讼保全及进入执行程序的普通债权，其权利行使路径是通过执行机构的正当执行程序，如对义务人的财产查扣、拍卖、变卖，以及通过对义务人的人身强制措施（如罚款、拘留、列入失信人名单、限制高消费等），强制义务人履行义务，从而保障债权人的实体权利落地，其归根到底是通过法院的执行程序进行，或者通过司法程序的威慑力迫使义务人自动履行义务而实现目的。

而建设工程价款优先受偿权如何行使，《民事诉讼法》及相关司法解释并未给出明确的实现路径。但相对多数的意见认为，应由权利人在提出工程欠款请求的同时提出具体的建设工程价款优先受偿权的诉讼请求。首先，如果不在同一诉讼程序中提出请求并进行实体审理，则法院可能基于"不告不理"的原则不对该权利进行审理，当然也不会在判决主文中写明，难以起到有执行效力的作用。其次，建设工程欠款债权与建设工程价款优先受偿权是基于工程承包的同一法律关系（建设工程承包）而产生的，是同一事实引发的一体两面关系，法院的实体审理不影响诉讼程序的正当性。最高人民法院也并未公布或规定建设工程价款优先受偿权的案由，显然当事人在没有案由规定的情况下，在实践中另行起诉存在现实的难度，因此由当事人在工程欠款审理程序中提出请求更符合目前法院的审判实际。[①]

五、普通债权人是否可以成为第三人

无论是否具有优先权，普通债权人作为对于发包人享有债权的权利主体，基于其权利的行使途径，可以作为第三人主张权利。但从权利顺位上来讲，普通债权不足以否定建设工程价款优先受偿权，而普通债权人仅仅具有程序法上的相关权利，一般不应列为第三人。

---

① 王欣新、张思明：《论房地产开发企业破产中的购房者利益保护》，载《江汉论坛》2015 年第 10 期。

（一）司法实践中相对于建设工程价款优先受偿权的普通债权的常见形式

（1）在购房者只交付定金，或者少部分房款，但又因种种原因未进行房地产预告登记的情况下，一般认为，此时购房者基于合同产生的请求权显然属于债权，但是不具有适格意义上（交付大部分购房款）的优先性，也不具备相应的劣后性，此时该种债权显然属于普通债权。

（2）法定解除和约定解除商品房预售合同，如果商品房预售合同成立后，购房者仅交付了定金或者预付款，尚未办理完毕按揭贷款手续或者交足所有房款（房屋亦未交付），当事人有权要求赔偿损失，若此时基于合同产生了相应的损害赔偿请求权，该项债权显然也属于普通债权。

（3）其他因合同约定（比如供应建筑材料、融资等）以及侵权（如在建工程致人损害等）等事由，从而对工程建设者（开发商）享有债权，但又不具有法定或约定优先权的民事主体。

（二）普通债权人一般不能作涉及建设工程价款优先受偿权诉讼的第三人参加诉讼

建设工程价款优先受偿权，依法属于法定优先权，所以，即便普通债权人涉及各种诉停主张民事权利，但不能改变建设工程价款优先受偿权的法定优先权地位，普通债权人一般不能成为涉及建设工程价款优先受偿权诉讼的第三人。但是在特别情形下，如果发包人除了作为建设工程价款优先受偿权的标的物外没有任何其他财产，对承包人的建设工程价款优先受偿权是否成立及对应的债权数额的认定，对普通债权人的利益影响巨大，且没有其他的第三人参与诉讼，为防止发包人与承包人串通损害普通债权人的利益，也应当考虑普通债权人作为第三人参与诉讼。

【相关规定链接】

1. 《民事诉讼法》

第五十九条第一款和第二款　对当事人双方的诉讼标的，第三人认为有独立请求权的，有权提起诉讼。

对当事人双方的诉讼标的，第三人虽然没有独立请求权，但案件处理结果同他有法律上的利害关系的，可以申请参加诉讼，或者由人民法院通知他参加诉讼。人民法院判决承担民事责任的第三人，有当事人的诉讼权利义务。

2. 《民诉法解释》

第八十一条第一款　根据民事诉讼法第五十九条的规定，有独立请求权的第三人有权向人民法院提出诉讼请求和事实、理由，成为当事人；无独立请求权的第三人，可以申请或者由人民法院通知参加诉讼。

第二百九十三条　民事诉讼法第五十九条第三款规定的因不能归责于本人的事由未参加诉讼，是指没有被列为生效判决、裁定、调解书当事人，且无过错或者无明显过错的情形。包括：

（一）不知道诉讼而未参加的；

（二）申请参加未获准许的；

（三）知道诉讼，但因客观原因无法参加的；

（四）因其他不能归责于本人的事由未参加诉讼的。

3. 《执行异议和复议规定》

第二十九条　金钱债权执行中，买受人对登记在被执行的房地产开发企业名下的商品房提出异议，符合下列情形且其权利能够排除执行的，人民法院应予支持：

（一）在人民法院查封之前已签订合法有效的书面买卖合同；

（二）所购商品房系用于居住且买受人名下无其他用于居住的房屋；

（三）已支付的价款超过合同约定总价款的百分之五十。

参考文献

1. 常设中国建设工程法律论坛第八工作组：《中国建设工程施工合同法律全书：词条释义与实务指引》，法律出版社 2019 年版。

2. 林鲁海、曹红光、郦煜超主编：《建筑商之孙子兵法》（Ⅲ），法律出版社 2018 年版。

3. 王旭光：《建筑工程优先受偿权制度研究——合同法第 286 条的理论与实务》，人民法院出版社 2010 年版。

4. 最高人民法院民事审判第一庭编著：《最高人民法院建设工程施工合同司法解释（二）理解与适用》，人民法院出版社 2019 年版。

5. 邬砚：《建设工程合同纠纷 251 个裁判规则深度解析》（增订第二版），法律出版社 2019 年版。

6. 规范编制组编：《2013 建设工程计价计量规范辅导》，中国计划出版社 2013 年版。

7. 梁慧星：《〈合同法〉第二百八十六条的权利性质及其适用》，载《人民法院报》2000 年 12 月 1 日。

8. 姚虎明：《探讨建设工程价款优先受偿权的法律性质及相关问题》，载中华全国律师协会民事专业委员会编：《建筑房地产律师实务》（第 3 辑），中国法制出版社 2008 年版。

9. 张学文：《建设工程承包人优先受偿权若干问题探讨》，载《法商研究》2000 年第 3 期。

10. 朱树英：2008 年 12 月 28 日（下午）在杭州海外海·西溪宾馆，浙江省律师协会建筑领域法律服务高级研讨班上的演讲。

11. 周吉高：《建设工程专项法律实务》，法律出版社 2008 年版。

12. 最高人民法院民事审判第一庭编著：《最高人民法院建设工程施工合同司法解释（二）理解与适用》，人民法院出版社 2019 年版。

13. 李玉生主编：《建设工程施工合同案件审理指南》，人民法院出版社 2019 年版。

14. 陈东强：《建设工程价款优先受偿权的行使与规制》，载《山东法官培训学院学报》2018 年第 5 期。

15. 汤雷、李昱：《建设工程优先受偿权之实现程序》，载中国建设工程法律评论第四工作组编著：《建设工程优先受偿权》，法律出版社 2017 年版。

16. 最高人民法院民法典贯彻实施工作领导小组主编：《中华人民共和国民法典合同编理解与适用》，人民法院出版社 2020 年版。

17. 李玉生主编：《建设工程施工合同案件审理指南》，人民法院出版社 2019 年版。